Ymard

D1556017

WRITTEN STANDARD CHINESE

Volume Two

Parker Po-fei Huang and
Hugh M. Stimson

Far Eastern Publications
Yale University

WRITTEN STANDARD CHINESE

Volume Two

Contents

LESSON 16

W16.1 Lone localizers (16.4). With the introduction in this lesson of zuǒ "left" and yòu "right", all of the twelve localizers (W8.4) that are common in spoken Chinese have been introduced. These localizers occur alone after a small number of coverbs, the commonest of which are wàng "head(ing) toward", introduced in this lesson, and cóng "from". There are two common patterns:

wàng L V "V toward L":

往上飛	wàng shàng fēi	fly up
往裏看	wàng lǐ kàn	look inside
往左走	wàng zuǒ zǒu	go left
往右走	wàng yòu zǒu	go right

cóng L_1 wàng L_2 V "V from L_1 to L_2":

從上往下飛	cóng shàng, wàng xià fēi	fly down from above
從左往右走	cóng zuǒ, wàng yòu zǒu	go from left to right

W16.2 Likeness (16.5). One pattern used to express likeness is X (bù)yíyàng "X are(n't) alike":

他們都一樣。	tāmen dōu yíyàng.	They're all alike.
他們不一樣。	tāmen bùyíyàng.	They're not alike.
這本書跟那本不一樣。	'zhèiběn shū, gēn 'nèiběn, bùyíyàng.	This book is not like that one.

NEW CHARACTERS

LESSON 16

Character	Strokes	Reference	Radical
遠	14	162.10	辶
朝	12	74.8	月
決	7	85.4	水
又	2	29.0	又
樣	15	75.11	木
等	12	118.6	竹
往	8	60.5	彳
手	4	64.0	手
懂	16	61.13	心
當	13	102.8	田
俄	9	9.7	人
功	5	19.3	力
辦	16	160.9	辛
漢	14	85.11	水
常	11	50.8	巾
右	5	30.2	口
應	17	61.13	心
語	14	149.7	言
最	12	73.8	曰
左	5	48.2	工

SIMPLIFIED FORMS

決 : 决　遠 : 远
當 : 当　樣 : 样
漢 : 汉　辦 : 办
語 : 语　應 : 应

NEW WORDS

俄	È, É	(Russia)
俄國	Èguo, Éguo PW	Russia 5
功	gōng	(merit)
功課	gōngkè N	school work, homework 12
功課忙	*gōngkè máng N SV	have a lot of homework to do

我今天功課很忙。	wǒ jīntian, gōngkè hěn máng.	I have a lot of homework to do today.
應	yīng	(proper, right)
當	dāng	(match, meet)
應當	yīngdāng AV	ought to 15
最	zuì A	most, more 9
懂	dǒng V	understand 4
等	děng V	wait 12
往	wàng CV	towards 16
遠	yuǎn SV	far; long (of a route) 1
決	jué	(decide)
決定	juédìng V	decide 16
朝	cháo BF	dynasty 16
漢	Hàn BF	Chinese (formal term); (name of a dynasty) 16
漢朝	Hàn Cháo TW	Han Dynasty (B.C. 205-222 A.D.) 16
漢人	Hànren N	Chinese (people); ethnic Chinese 16
漢字	Hànzì N	Chinese characters 16
語	yǔ BF	language 16
漢語	Hànyǔ N	Chinese language 16
國語	Guóyǔ N	(national:) Chinese language 16
日語	Rìyǔ N	Japanese language 16
英語	Yīngyǔ N	English language 16
辦	bàn V	manage, carry out 16
辦事(情)	bàn shì(qing) VO	carry out a matter, do a job 16

那個人很會辦事。	nèige rén hěn huì bàn shì.	That person is very good at managing things.
怎麼辦？	zěmma bàn? IE	What can be done? 16
樣	yàng	(shape)
樣子	yàngzi N	appearance, shape; style 16
樣(兒)	-yàng(r) M	kind, sort; way 16
這樣兒好。	zhèiyàngr hǎo.	It'll be better if you do it this way.
樣(兒)的	SP-yàng(r)de AT	SP kind/sort of 16
樣(兒)	SP-yàng(r) A	in SP way 16
一樣	yíyàng SV	alike 16
手	shǒu N	hand 16
左	zuǒ L	left 16
左手	zuǒshǒu N	left hand 16
左邊(兒)	zuǒbiān, -biār PW	left side 16
右	yòu L	right 16
右手	yòushǒu N	right hand 16
右邊(兒)	yòubiān, -biār PW	right side 16
又	yòu A	again (in the past) 16
又要	yòu yào A AV	(has decided) again (that one must) 16
常	cháng A	often 9
常常	chángchang A	often 9

NEW USES FOR OLD CHARACTERS

天天	*tiāntiān A	every day
白	*Bái BF	Pai, Po, Pak
明	*Míng BF	(name of a dynasty) 23
明朝	*Míng Cháo TW	Ming Dynasty (1386-1644) 23

READING EXERCISES

PHRASES AND SENTENCES

⇦

俄 俄國。俄國話。俄文。

功 功課。功課很多。功課很多，可是都不太難。

應當 應當念書。應當做事。應當做買賣。

最 最難。最難學。最難寫。

懂 懂不懂？懂了。不都懂。都不懂。

等 等他。等他來。等他來教我念中文。

往 往東。往東走。往前開。往後開。

遠 遠不遠？不遠。真不遠嗎？真不遠。

決 決定。決定這麼做。我們決定了這麼做了。

語 國語。日語。英語。

朝 明朝。明朝的畫兒。明朝的畫很貴。

漢 漢朝。漢朝的筆。漢朝的人。漢字。漢語。

辦 怎麼辦？這麼辦。這麼辦行不行？這麼辦不行。

樣 樣子。樣子很好看。樣兒。這樣的不貴。一樣。這兩個一樣。

手 用手。用手拿。用手拿着。

左 用左手。用左手拿着。

右 右手在前邊兒，左手在後邊兒。

又 又下雨了。又忘了。又拿走了。又拿回來了。

常 常說。常看。常寫。常常關着。常常開着。常常拿着。手裏常常拿着一本書。

LONGER SENTENCES

1 我要用這本俄國地圖來研究俄國歷史。

2 他這幾天的功課忙極了，所以没工夫寫信。

3 他們幫了你那麼多忙，你應當寫一封信去謝謝他們。

4 請你告訴我這個事情應當怎麼辦？

5 他説了就走了。過了一會兒，我們也就都走了。

6 她姊姊懂英文，懂法文，也懂日文，就是不懂中文。

7 他在學校前邊等了她不少時候，可是她没出來。

8 我知道我們應當往南走，可是南邊兒有一個大山。山上的路怎麼樣，我不知道。

9 那個飯舘兒遠不遠？要是太遠，我們就在這個飯舘兒吃吧。

10 是念書呢？是做事呢？我真不知道應當怎麼決定。

11 她現在天天學日語。她説日語很難。

12 關於明朝的歷史，我知道的很少。

13 我的老師對漢朝的歷史最有研究。

14 這個事情怎麼辦都行。

15 那所房子的樣子最好看。

16 他手裏拿着的東西是筆還是筷子？

17 我父母住在工廠左邊兒的那所房子裏。

18 右邊的那個汽車是我的，左邊兒的那個是誰的我不知道。

19 我哥哥上星期又坐飛機到法國去了。

20 她這幾天晚上常到圖書舘去。

DIALOGS

（一）

Ⓐ 你上星期六做甚麼了？

Ⓑ 我在家裏看書。

Ⓐ 你看的是甚麼書？

Ⓑ 是一本俄國小說。

Ⓐ 那是你的功課嗎？

Ⓑ 不是。我前幾年學過一點兒俄文，也看過幾本俄國小說兒。我覺得我應當多知道點兒關於俄國的事情，所以我這兩年一有機會就看俄國小說。

Ⓐ 那本小說你看了多少了？

Ⓑ 我就看了一半兒。

Ⓐ 你都懂嗎？

Ⓑ 我想我都懂。

（二）

Ⓐ 你找誰？

Ⓑ 我找白先生。

Ⓐ 白先生不住在這兒了。

Ⓑ 你知道他住在哪兒嗎？我是他的朋友。

Ⓐ 他現在住的地方不遠，他給我寫在一張紙上了。請你等一等，我去拿去。

（過了一會兒）

這是他現在住的地方。

Ⓑ 你能不能告訴我怎麼到他那兒去？

Ⓐ 你可以坐公共汽車去。從這兒往前走。到了那個大房子那兒往右。前邊不遠就有一個站。你可以在那個站上車。上了車以後，你就告訴開車的那個人你要到哪條街去，他就會告訴你在哪兒下車。

SENTENCES IN SIMPLIFIED CHARACTERS

应（應）**当**（當）**远**（遠）**决**（決）**语**（語）
汉（漢）**办**（辦）**样**（樣）

1. 我要用这本俄国地图来研究俄国历史。
2. 他这几天的功课忙极了，所以没有工夫写信。
3. 他们帮了你那么多忙，你应当写一封信去谢谢他们。
4. 请你告诉我这个事情应当怎么办？
5. 他说了就走了。过了一会儿，我们也就都走了。
6. 她姊姊懂英文，懂法文，也懂日文，就是不懂中文。
7. 他在学校前边等了她不少时候，可是她没出来。
8. 我知道我们应当往南走，可是南边儿有一个大山。山上的路怎么样，我不知道。
9. 那个饭馆儿远不远？要是太远，我们就在这个饭馆儿吃吧。
10. 是念书呢？是做事呢？我真不知道应当怎么决定？
11. 她现在天天学日语。她说日语很难。
12. 关于明朝的历史，我知道的很少。
13. 我的老师对汉朝的历史最有研究。
14. 这个事情怎么办都行。
15. 那所房子的样子最好看。
16. 他手里拿着的东西是笔还是筷子？
17. 我父母住在工厂左边儿的那所房子里。

18. 右边儿的那个汽车是我的；左边儿的那个是谁的我不知道。

19. 我哥哥上星期又坐飞机到法国去了。

20. 她这几天晚上常到图书馆去念书。

LESSON 17

W14.1 <u>The bǎ construction</u> (17.2). Polysyllabic verbs and verbal phrases participate in a common construction where the word denoting the recipient of the action of the verb appears before the verb as the direct object of the coverb <u>bǎ</u>. Use of the <u>bǎ</u> construction shifts the focus of attention away from the recipient of the action of the verb to the verb or verbal phrase. This construction is associated with declarative sentences in the past tense and imperative sentences.

把小孩子帶來了。	bǎ xiǎoháizi, dài lai le.	(He) brought along the child(ren).
快把汽車開出去。	kuài bǎ qìchē, kāichu qu.	Hurry up and drive the car out (there).
請你把車停在房子後頭。	qǐng nǐ bǎ chē, tíngzai fángzi hòutou.	Please park the car behind the house.
她没把那張畫兒拿走。	ta méibǎ nèizhāng huàr, názǒu.	She didn't take away the painting.
把房子賣給他。	bǎ fángzi, màigei ta.	Sell him the house(s).
把牛肉吃了吧。	bǎ niúròu, chīle ba.	Eat up the beef.
他把那個小説做成電影了。	ta bǎ nèige xiǎoshuō, zuòchéng diànyǐng le.	He made that work of fiction into a movie.
你怎麼把那個問題解決的？	ni 'zěmma bǎ nèige wèntí, jiějué de?	What did you do to solve that problem?
把衣服洗一洗。	bǎ yīfu, 'xǐyixǐ.	Wash the clothes.

NEW CHARACTERS

LESSON 17

備	12	9.10	人
穿	9	116.4	穴
把	7	64.4	手
入	2	11.0	入
進	12	162.8	辵
記	10	149.3	言
服	8	74.4	月
口	3.	30.0	口
號	13	141.7	虍
送	10	162.6	辵
河	8	85.5	水
己	3	49.0	己
預	13	181.4	頁
停	11	9.9	人
近	8	162.4	辵
自	6	132.0	自
銀	14	167.6	金
帶	11	50.8	巾
洗	9	85.6	水
衣	6	145.0	衣

SIMPLIFIED FORMS

近	:	近	7 162.4 辵		進	:	进	7 162.4 辵
記	:	记	5 149.3 言		號	:	号	5 30.2 口
送	:	送	9 162.6 辵		預	:	预	10 181.4 頁
帶	:	带	9 50.6 巾		銀	:	银	11 167.6 金
				備 : 备 (8, 102.3, 田)				

近：近　進：进
記：记　號：号
送：送　預：预
帶：带　銀：银

備：备

NEW WORDS

帶	dài V	bring along, take along 17
把	bǎ CV	taking 17
送	sòng V	give (as a present); send, deliver; escort, see off 17
送給	sònggei V	give to 17
記	jì	(record)
記得	jìde V	remember 12

停	tíng V	stop; park; 17 *hold (parking)
停在	tíngzai V	park at 17
銀	yín	(silver)
銀行	yínháng N	bank 17
近	jìn SV	near; short (of a route) 1
進	jìn	(enter)
進城	*jìn chéng VO	go into the city
進來	jìn lai V P	come in 12
進去	jìn qu V P	go in 12
號	-hào M	(telephone, house, room) number 6; day (of the month) 13
口	kǒu	(mouth)
人口	rénkǒu N	population 17
出口	*chūkǒu N	exit
入	*rù	(enter)
入口	*rùkǒu N	entrance
河	hé N	river 1
衣	yī	(clothing)
服	fú	(dress)
衣服	yīfu N	article of clothing; dress 17
穿	chuān V	put on, wear (a jacket, dress, shirt, slacks) 9
自	zì	(self)
己	jǐ	(self)
自己	zìjǐ N	oneself (usually in apposition to a preceding noun or pronoun) 9
洗	xǐ V	wash 17

洗手	xǐ shǒu VO	wash one's hands 17
洗頭	xǐ tóu VO	wash one's hair 17
預	yù	(beforehand)
備	bèi	(provide)
預備	yùbei V	prepare 12

NEW USES FOR OLD CHARACTERS

平常	píngcháng SV	ordinary, commonplace 17
	--- A	ordinarily 17
行	-háng	(business establishment)
銀行	yínháng N	bank 17
回	-hui VS	back (with lai and qu) 17
開回來	kāihui lai	drive back (here) 17
拿回去	náhui qu	take back (there) 17
飛回來	fēihui lai	fly back (here) 17
帶回去	dàihui qu	take (along) back (there) 17
回頭	huí tóu VO	turn one's head 17
過	-guo VS	over; around (with lai and qu) 17
拿過去	*náguo qu	take over (there)
回過頭來	huíguo tóu lai	turn one's head around (toward the speaker) 17
公路	*gōnglù N	highway
公路車	*gōnglùchē N	(inter-city) bus 23
上	shàng V	go to 17
	--- CV	to 17
上學校去	shàng xuéxiào qu.	(I'm)going to the school.

出	chū V	proceed out of, exit from 17
說	shuō V	have the following content 17
你的意思是說···	nǐde yísi shi shuō...	What you mean is... 17
聽	tīng V	listen to 17
好聽	hǎotīng SV	pleasant to listen to 17
不好聽	bùhǎotīng SV	unpleasant to listen to; offensive (speech) 17
了	-le VS	(used) up
誰把酒都喝了?	shéi bǎ jiǔ dōu hēle?	Who drank up all the wine?
吧	ba P	(interrogative sentence particle, often indicating surprise that the question should have to be asked) 17
那太貴吧!	nà tài guì ba!	Surely, that's too expensive, isn't it?

READING EXERCISES

PHRASES AND SENTENCES

帶 帶書。帶錢。別忘了帶書，也別忘了帶錢。

把 把書拿來。別忘了把書拿來。

送 送誰？送他。送他到哪兒去？送他回家。送給他甚麼？

記 記得。記得他姓甚麼嗎？不記得了。

停 停在哪兒？停在工廠前頭。

銀 銀行。銀行裏頭。銀行裏頭的錢。

近 哪條路近？哪條路都不近。

進 進城。進去。飛進去。飛進屋子裏去了。

號 五號。四月五號。一九七六年八月九號。第幾號？第十號。

口 人口。人口很多。人口多的國家

入 入口。這條公路一共有十七個入口。

河 一條河。一條很長的河。那個地方就有一條很長的河。

衣服 衣服。買衣服。買綠的衣服。

穿 穿衣服。喜歡穿衣服。喜歡穿紅的衣服。

自己 自己。自己的事情。這是我自己的事情。

洗 洗衣服。自己洗衣服。常常自己洗衣服。

預備 預備甚麼？預備功課。預備甚麼功課？預備歷史。

LONGER SENTENCES

1 國新想帶他那個法國朋友到學校去看看。
2 他把酒都喝了，菜都吃了就走了。
3 他想送給她一本書，可是不知道她喜歡甚麼書。
4 我記得那個車是三六七，八一五號，可是我不記得開車的那個人的樣子。
5 他把車停在圖書館後邊。那個停車的地方很大，可以停很多車。
6 那條街上有兩家銀行。我說的那一家在左邊。
7 我想今天下午到紐約去，請你告訴我走哪條路近。
8 學校裏的書鋪没有這本書，他說他這個禮拜六進城去買去。
9 信封上寫的是：紐約一百七十六街八十九號。
10 漢朝的時候，中國有多少人口？
11 我本來不知道「入口」「出口」是甚麼意思，現在我知道了。
12 這條河就是他們公社前邊那條河，我們可以從這兒坐船到那兒去。
13 城外頭有兩家賣衣服的鋪子，兩家的衣服都很好。
14 她那些衣服都是今年在法國買的。
15 她喜歡穿紅的，可是今天她穿的是綠的。
16 這個功課你不能叫別人給你做，你得自己做。
17 他把別人的書帶回來了，把自己的書忘了。
18 今天的天氣這麼好，他在外邊兒洗他的車呢。

19 我一點兒都没預備，怎麼辦？

20 明天的功課我得預備預備。

DIALOGS

（一）

Ⓐ 你明天到紐約去，我想請你帶一點兒東西給我哥哥，可以不可以？

Ⓑ 請你告訴我他住在甚麼地方，我一定給你送去。

（二）

Ⓐ 你說她要把那張畫兒送給我，可是她忘了那張畫是我前幾年送給她的。

Ⓐ 她真是一點兒都不記得嗎？

Ⓑ 她家裏有那麼多畫兒，她怎麼能記得哪一張畫兒是誰送的呢？

（三）

Ⓐ 你把車停在哪兒了？

Ⓑ 停在那個銀行後頭那兒。你要用車嗎？

Ⓐ 我現在不用。

（四）

Ⓐ 從這兒開車到紐約去，走哪條路近啊？

Ⓑ 等我把地圖拿出來看看。

Ⓐ （看着地圖說）走這條路行不行？

Ⓑ 行。可是你得先往南走。到新港的時候，你別進城，再往南開一會兒就往西開。往西的那一條路就是你說的這條八十五號公路。

（五）

Ⓐ 這是我住的那條街的名字，你是坐公共汽車來嗎？

Ⓑ 不是，我要開車到你那兒去。請你告訴我怎麼走。

Ⓐ 你從這個入口上八十五號公路，在第十號的出口出去。出去以後就往東走。右邊第四條街就是我住的那條街。我們的房子不難找，那條街就有幾所房子。我們的那所房子是紅的。

（六）

Ⓐ 你上哪兒去？

Ⓑ 我把衣服送出去洗去。

Ⓐ 你平常不是自己洗嗎？

Ⓑ 這幾天我預備功課，没有工夫。

Ⓐ 我也想送衣服去洗。哪天可以拿回來？

Ⓑ 明天下午。

Ⓐ 你等我一會兒，等我把衣服拿出來，請你給我送去，可以不可以？

Ⓑ 可以。

SENTENCES IN SIMPLIFIED CHARACTERS

带(帶)**送**(送)**记**(記)**银**(銀)**近**(近)**进**(進)**号**(號)**预**(預)**备**(備)

1 国新想带他那个法国朋友到学校去看看。

2 他把酒都喝了，菜都吃了就走了。

3 他想送给她一本书，可是不知道她喜欢什么书。

4 我记得那个车是三六七，八一五号，可是我不记得开车的那个人的样子。

5 他把车停在图书馆后边。那个停车的地方很大，可以停很多车。

6 那条街上有两家银行。我说的那一家在左边。

7 我想今天下午到纽约去，请你告诉我走哪条路近。

8 学校里的书铺没有这本书；他说他这个礼拜六进城去买去。

9 信封上写的是：纽约一百七十六街八十九号。

10 汉朝的时候，中国有多少人口？

11 我本来不知道『入口』『出口』是什么意思，现在我知道了。

12 这条河就是他们公社前边那条河，我们可以从这儿坐船到那儿去。

13 城外头有两家卖衣服的铺子，两家的衣服都很好。

14 她那些衣服都是今年在法国买的。

15 她喜欢穿红的，可是今天她穿的是绿的。
16 这个功课你不能叫别人给你做，你得自己做。
17 他把别人的书带回来了，把自己的书忘了。
18 今天的天气这么好，他在外边儿洗他的车呢。
19 我一点儿都没预备，怎么办?
20 明天的功课我得预备预备。

LESSON 18

W18.1 Expressions denoting points of time of the clock (18.2)。 There are four common patterns. The most general pattern is NU_1-diǎn, NU_2-fēn (zhōng) "NU_2 minutes past NU_1 (o'clock)"。 shìwǔfēn, sānshifēn, and sìshwǔfēn are often replaced by yíkè "a quarter", bàn "half", and sānkè "three quarters" (and "three quarters past NU_1" is changed to "quarter to NU_1 plus 1") respectively, in which case zhōng is likely to be omitted. -fēn may be omitted after any number but shí。 líng "zero, and" occurs before NU_2-fēn when NU_2 is a number from one to nine。

幾點（鐘）？	'jǐdiǎn (zhōng)?	What time is it?
兩點（鐘）。	liǎngdiǎn (zhōng)。	It's two (o'clock).
兩點零二（分鐘）。	liǎngdiǎn líng èr(fēn (zhōng))。	It's two minutes after two (o'clock)。
兩點十分（鐘）。	liǎngdiǎn 'shífēn (zhōng)。	It's ten minutes after two (o'clock)。
兩點二十（分鐘）。	liǎngdiǎn 'èrshí(fēn (zhōng)).	It's twenty minutes after two (o'clock)。
兩點一刻。	liǎngdiǎn yíkè.	It's a quarter after two。
兩點半。	liǎngdiǎnbàn。	It's half past two。
兩點三刻。	liǎngdiǎn sānkè。	It's quarter to three.

Another pattern involves the verb guò "cross, exceed": NU_1-diǎn, guò NU_2-fēn "NU_2 minutes past NU_1"。

五點過十二分。	wǔdiǎn, guò shíèrfēn.	It's twelve minutes past five.
十二點過一刻。	shíèrdiǎn, guò yíkè.	It's a quarter after twelve.

The other two patterns involve the verb chà "lack":

NU_1-diǎn, chà NU_2-fēn

chà NU_2-fēn NU_1-diǎn

both meaning "NU_2 minutes before NU_1"。

五點差三分。	wǔdiǎn, chà sānfēn.	It's three minutes before five.
差三分，五點。	chà sānfēn, wǔdiǎn。	
六點差一刻。	liùdiǎn chà yíkè。	It's a quarter to six.

Often the sentence particle le in its change of status meaning is used when these punctual clock time expressions occur alone in verbless comments:

現在幾點了？	xiànzài, 'jǐdiǎn le?	What time has it gotten to be?
八點半了。	bādiǎnbàn le.	It's half past eight (now).

Clock time expressions commonly occur as time topics, before the main verb, and either before or after any other topic.

上午九點你做甚麼？	shàngwǔ, jiǔdiǎn, nǐ zuò shémma?	What do you do at nine in the morning?
我九點上課。	wo jiǔdiǎn shàng kè.	I go to class at nine.

W18.2 Expressions denoting amount of time of the clock (18.3). There are three main patterns。 To express a number of hours, the noun zhōngtóu is used: NU-ge zhōngtóu "NU hours".

幾個鐘頭？	'jǐge zhōngtóu?	How many hours?
兩個鐘頭。	liǎngge zhōngtóu	two hours
兩個半鐘頭。	liǎngge'bàn zhōngtóu	two and a half hours

To express minutes and quarter hours, *-fēn* and *-kè* are used in a pattern where *zhōng* is obligatory: *NU-fēn/-kè zhōng* "NU minutes/quarters of an hour".

幾分鐘？	'jǐfēn zhōng?	How many minutes?
兩分鐘	liǎngfēn zhōng	two minutes
（兩點零二分鐘）	(liǎngdiǎn, líng èrfēn (zhōng))	(two minutes after two (o'clock))
一刻鐘	yíkè zhōng	a quarter of an hour
三十分鐘	sānshifēn zhōng	thirty minutes
（半個鐘頭）	(bànge zhōngtóu	half an hour)
三刻鐘	sānkè zhōng	three quarters of an hour

When both hours and minutes or quarters of an hour are expressed, *líng* "zero, and" appears, and *zhōng* is generally absent: *NU_1-ge zhōngtóu, líng NU_2-fēn/-kè* "NU_1 hours and NU_2 minutes/quarters of an hour".

兩個鐘頭零兩分。	liǎngge zhōngtóu, líng liǎngfēn	two hours and two minutes
十二個鐘頭零一刻。	shí'èrge zhōngtóu, líng yíkè	twelve hours and a quarter
兩個鐘頭零三十分。	liǎngge zhōngtóu, líng sānshifēn	two hours and thirty minutes
（兩個半鐘頭）	(liǎnggebàn zhōngtóu	two and a half hours)

Durative clock time expressions occur in time spent patterns after the verb and before any object:

我跟他談了半個多鐘頭。	wo gēn ta tánle, bàngeduō zhōngtóu。	I talked with him for over half an hour.

我跟他説了半個多鐘頭的話。	wo gēn ta shuōle, bàngeduō zhōngtóude huà.	I spoke to him for over half an hour.

In sentences with negated verbs, the time within which the action of the verb failed to happen is expressed by a durative time expression placed before the verb (18.3.3).

他半個多鐘頭没説話。	ta bàngeduō zhōngtóu, méishuō huà.	He hasn't spoken for over a half an hour。
他兩年沒開車。	ta liǎngnián, méikāi chē.	He hasn't driven in two years.

W18.3 <u>Time when expressions in sentences with</u> cái <u>and</u> jiù (18.4). When <u>cái</u> "only then" or <u>jiù</u> "soon" occurs in a sentence with a time when expression, the meaning "contrary to expectations" is added:

他八點鐘才來的。	ta bādiǎn zhōng cái lái de.	He didn't come until eight o'clock (later than expected)。
他八點鐘才來呢。	ta bādiǎn zhōng cái lái ne.	He won't be coming until eight o'clock (later than expected)。
他明天就來。	ta míngtian jiù lái.	He'll come as soon as tomorrow。
他昨天就來了。	ta zuótian jiù lái le。	He came as soon as yesterday.

NEW CHARACTERS
LESSON 18

樹 16 75.12 木	起 10 156.3 走	花 8 140.4 艸	冬 5 15.3 冫
醒 16 164.9 酉	處 11 141.5 虍	春 9 72.5 日	各 6 30.3 口
錶 16 167.8 金	睡 13 109.8 目	秋 9 115.4 禾	考 6 125.0 老
鐘 20 167.12 金	試 13 149.6 言	夏 10 35.7 夊	冷 7 15.5 冫
纔 23 120.17 糸	熱 15 86.11 火	差 10 48.7 工	刻 8 18.6 刀

SIMPLIFIED FORMS

Traditional	Simplified	Strokes	Number	Radical
處	处	5	34.2	夂
錶	表	8	145.3	衣
樹	树	9	75.5	木
鐘	钟	9	167.4	金
熱	热	10	86.6	火
纔	才	3	1.2	一
試	试	8	149.6	言
花	花	7	140.4	艸

處：处　錶：表
樹：树　鐘：钟
熱：热　纔：才
試：试　花：花

VARIANT

Form	Variant	Strokes	Number	Radical
差	差	9	48.6	工

差：差

NEW COMMON RADICAL

No。115 禾 "grain": 秋

NEW WORDS

夏	xià	(summer)
夏天	xiàtian TW	summer 18
各	gè	(each, every, numerous)
處	chù	(place)

各處	gèchù PW	everywhere, all the various places 18
到處（兒）	dàochù(r) PW	all over, everywhere 18
春	chūn	(spring)
春天	chūntiān TW	spring(time) 18
樹	shù N	tree 18
樹葉子	shùyèzi N	leaf of a tree 18
花（兒）	huā(r) N	flower 9
差	chà V	differ by; lack, be short by; fall short (of standard) 18
差三分五點	chà sānfēn wǔdiǎn	three minutes before five
五點差三分	wǔdiǎn chà sānfēn	
那個差很多。	nèige chà hěn duō.	That is quite inferior.
一個都不差。	yíge, dōu búchà.	Not even one is missing.
差不多	chàbuduō V	about the same 18
這兩本書差不多。	zhèiliǎngběn shū, chàbuduō.	These two books are about the same.
--- A		almost, about 18
那些字，我差不多都忘了。	nèixiē zì, wo chàbuduō dōu wàng le.	I've forgotten practically all those characters.
秋	qiū	(autumn)
秋天	qiūtian TW	autumn 18
冷	lěng SV	cold 18
熱	rè SV	hot 18
冬	dōng	(winter)
冬天	dōngtiān TW	winter 18
錶	biǎo N	watch 3
鐘	zhōng N	clock; o'clock 18

鐘錶舖	zhōngbiǎopù N	watchmaker's shop 18
鐘頭	zhōngtóu N	hour 16
刻	-kè M	quarters of an hour 18
一個鐘頭零一刻	**yíge zhōngtóu, líng yíkè**	an hour and a quarter
考	kǎo V	examine, test; have an exam in 15
考歷史	kǎo lìshǐ	have an exam in history
小考	xiǎokǎo N	quiz 15
大考	dàkǎo N	(final) examination 15
試	shì	(try)
考試	kǎoshì N	take an examination
我們明天考試。	women míngtian kǎoshì.	We have an exam tomorrow.
	--- N	examination
兩個考試	liǎngge kǎoshì	two exams
起	qǐ	(arise)
起來	qǐlai V	get up (from sleep) 18
一起	yìqǐ A	together 12
我們一起去吧。	women yìqǐ qù ba.	Let's go together。
	-- PW	together; in one place 12
他們不在一起。	tāmen búzài yìqǐ。	They are not together.
他跟他父母住在一起。	ta gēn ta fùmǔ, zhùzai yìqǐ.	He lives with his parents.
醒	xǐng V	wake up 18
	--- VS	awake 18
叫醒	jiàoxǐng V	wake (someone) up 18
睡	shuì V	sleep, go to sleep 18
睡在	shuìzai V	sleep at 18
睡到	shuìdao V	sleep until 18

纔	cái A	then and only then, not until, only as much as 15
這本書纔(賣)五毛五分錢。	zhèiběn shū, cái (mài) wǔmáo wǔfēn qián.	This book sells for only as much as fifty-five cents。

NEW USES FOR OLD CHARACTERS

點	-diǎn M	hours; o'clock 18
兩點鐘	liǎngdiǎn zhōng	two o'clock
分	-fēn M	minutes 18
兩分鐘	liǎngfēn zhōng	two minutes
兩點，零二分	liǎngdiǎn, líng èrfēn	two minutes past two
過	guò V	exceed; celebrate; cross 18
兩點，過三分	liǎngdiǎn, guò sānfēn	three minutes past two
過生日	guò shēngrì VO	celebrate one's birthday 18
過年	guò nián VO	celebrate New Year's
過街	guò jiē VO	cross the street; pass a block 18
過了兩條街	guòle liǎngtiáo jiē	after two blocks
過五條街就到了。	guò wǔtiáo jiē, jiu dào le.	Go five blocks and you're there.
過(了)兩點了。	guò(le) liǎngdiǎn le。	It's after two o'clock.
日子	rìzi N	day; date 18
日子過得真快。	rìzi guò de zhēn kuài.	The days pass really quickly.
過日子	guò rìzi VO	run a household
還是	háishi A V	still is to be preferred 18
我還是明天去吧。	wo háishi míngtian qu ba.	I guess I'll go tomorrow after all.

還不...嗎？	*hái bu...ma?	Should one not...?
還不多給一點兒嗎？	hái buduō gěi yidiar ma?	You'd better give a bit more.
不久	bùjiǔ MA	soon, not long afterwards 18
走	zǒu V	run (as a watch or clock) 18
我的錶不走了。	wode biǎo bùzǒu le.	My watch has stopped.
是	shì V	say (the time, as a watch or clock) 18
那個大鐘是五點半。	neige dà zhōng, shi wǔdiǎnbàn。	(According to)that big clock, it's half past five。
會	huì AV	may, will 18
明天不會下雨。	míngtian búhuì xià yǔ.	It won't rain tomorrow.
覺	jiào	(spell of sleeping)
睡覺	shuì jiào VO	sleep, get sleep; retire to sleep
長	zhǎng V	grow, develop 18
長大	zhǎngdà V	grow up 18
長高	zhǎnggāo V	grow tall 18
開	kāi V	bloom 18
開花(兒)	kāi huā(r) VO	bloom 18
各樣(兒)的	*gèyàng(r)de N	every sort of N, many kinds of N

READING EXERCISES

PHRASES AND SENTENCES

夏 夏天。夏天的天氣。夏天的天氣也很好。

各處 各處的人都喜歡他。

春 春天。春天快來了。

樹 樹很多。樹很高。樹很大。

花 花兒真好看。那兒的花兒真好看。

差 差不多。差一點兒。差兩個月。差一年。

秋 秋天。那兒秋天常下雨嗎？那兒秋天不常下雨。

冷 今天真冷。昨天冷不冷？昨天不太冷。

熱 很熱。那個屋子很熱，你一進去就知道了。

冬 冬天。冬天的時候。冬天的時候有些路不好走。

錶 買了一個新錶。買了一個新的外國錶。

鐘 六點鐘。半個鐘點。八點四十五分鐘。要幾分鐘？十分鐘吧。

刻 一刻鐘。三刻鐘。

考 考甚麼？考英文。不考法文嗎？也考法文。

試 考試。考甚麼試？考俄文試。

起 起來。没起來。一起。他們一起來了。

醒 醒了没有？醒了。醒了多少時候了？醒了幾分鐘了。叫醒。把我叫醒了。

睡 孩子們都睡了没有？都睡了。

纔 纔知道。昨天纔知道。我昨天纔知道她在哪兒教書。

LONGER SENTENCES

1 每年夏天他都到日本去住兩個月。

2 美國各處學校都用他寫的那本書。

3 中國各處的人都應當懂漢語。

4 明年春天，我們要到英國去教書。

5 美國最高的樹在甚麼地方？

6 有些樹有很多花兒，有些樹沒有花兒。

7 我差不多一年沒給他寫信了。

8 他說一年裏頭秋天的天氣最好。你覺得他說的對不對？

9 我不喜歡這麼冷的天氣，哪兒都不能去。

10 夏天的時候，城裏頭哪兒都那麼熱。

11 去年冬天，我在香港過的年。

12 這個錶是她姊姊送給她的。

13 他說八點鐘來，怎麼他還沒來呢？

14 他今天又來晚了，我們在學校裏等了他三刻鐘。

15 五分鐘他寫了三十多個字。

16 張先生說今年念過的都考。

17 我明天七點鐘起來，七點一刻吃早飯，八點鐘考試。

18 今天早上他打電話來的時候，我纔醒的。

19 那些衣服你都洗了嗎？

20 他昨天考試以後，睡了一天。

DIALOGS

（一）

Ⓐ 我喜歡夏天。夏天日子長，可以到各處去玩。

Ⓑ 我喜歡春天，到處的樹都長新葉子。各樣的花，差不多都在這個時候開。

Ⓒ 我喜歡秋天。秋天不冷也不熱。

Ⓓ你不喜歡冬天嗎？
Ⓒ我不喜歡冬天。冬天太冷。

（二）

Ⓐ現在幾點了？
Ⓑ你的錶不走了嗎？
Ⓐ是。現在過了七點没有？
Ⓑ現在七點一刻了。
Ⓐ火車幾點鐘開？
Ⓑ八點差五分。
Ⓐ還有半個多鐘頭呢。忙甚麼？從這兒到火車站要二十五分鐘，你還不快一點兒？

（三）

Ⓐ他不是說今天有一個小考，他要早一點起來預備嗎？
Ⓑ我去叫他去。
（過了一會兒）
Ⓐ他起來了嗎？
Ⓑ没有。我把他叫醒了，可是他說：不是今天考試，是明天。說了這句話，他又睡了。

（四）

Ⓐ你怎麼今天纔來啊？
Ⓑ他昨天中午纔打電話給我，下午没有飛機飛到這兒來，所以我今天纔能來。

SENTENCES IN SIMPLIFIED CHARACTERS

处(處) **树**(樹) **热**(熱) **表**(錶) **钟**(鐘) **才**(纔)

1 每年夏天他都到日本去住两个月。
2 美国各处学校都用他写的那本书。
3 中国各处的人都应当懂汉语。
4 明年春天，我们要到英国去教书。
5 美国最高的树在什么地方？
6 有些树有很多花儿，有些树没有花儿。
7 我差不多一年没给他写信了。
8 他说一年里头秋天的天气最好。你觉得他说的对不对？
9 我不喜欢这么冷的天气，哪儿都不能去。
10 夏天的时候，城里头哪儿都那么热。
11 去年冬天，我在香港过的年。
12 这个表是她姊姊送给她的。
13 他说八点钟来。怎么他还没来呢？
14 他今天又来晚了，我们在学校里等了他三刻钟。
15 五分钟他写了三十多个字。
16 张先生说今年念过的都考。
17 我明天七点钟起来，七点一刻吃早饭，八点钟考试。
18 今天早上他打电话来的时候，我才醒的。
19 那些衣服你都洗了吗？
20 他昨天考试以后，睡了一天。

LESSON 19

W19。1 More on similarity and comparison (19.3). Key words in sentences expressing similarity are yíyàng (W16.2) and xiàng "resemble" (introduced in this lesson). Also available is the pattern A yǒu B nemma SV (W11.7). The key word in comparisons is the coverb bǐ "compared with, than" also introduced in this lesson。 The most common patterns are given below.

A gēn B (bù)yíyàng SV "A is(n't) as SV as B".

今天跟昨天一樣冷。	jīntian gēn zuótian, yíyàng lěng.	Today is as cold as yesterday。
你的中國話跟我們老師説的不一樣好。	nǐde Zhōngguo huà, gēn women lǎoshī shuōde, bùyíyàng hǎo.	Your Chinese is not as good as our instructor's.

A gēn B chàbuduō (yíyàng (SV)) "A and B are about the same / A is about as SV as B":

你開的跟我差不多（一樣）。	nǐ kāide, gēn wǒ, chàbuduō (yíyàng)。	You drive about the same as I do。
你開的跟我差不多一樣快。	nǐ kāide, gēn wǒ, chàbuduō yíyàng kuài.	You drive about as fast as I do.

A bǐ B (hái) SV "A is (even) more SV than B":

她比我還高。	tā bǐ wǒ, hái gāo.	She's even taller than I am.

<u>A bǐ B SV Extent</u> "A is more SV than B by...extent:"

她比我高一點兒。	tā bǐ wǒ gāo yìdiǎr.	She's a bit taller than I am.
她比我高得多。	tā bǐ wǒ gāodeduō.	She's a lot taller than I am。
這本比那本貴五毛錢。	zhèiběn, bǐ nèiběn, guì wǔmáo qián。	This (book) is fifty cents more expensive than that one.

For "A is not as SV as B", the negative form of the pattern given in W11.7 is used: <u>A méiyou B nemma SV</u>:

這兒有沒有那兒那麼熱？没有。這兒没有那兒那麼熱。那兒比這兒熱得多。	zhèr, 'yǒu meiyǒu nèr nemma rè?---méiyou. zhèr méiyou nèr nemma rè. nèr, bǐ zhèr rèdeduō.	Is it as hot here as it is there?---No. It isn't as hot here as it is there. It's a lot hotter there than it is here.

NEW CHARACTERS
LESSON 19

緊	産	完	比
14 120.8 糸	11 100.6 生	7 40.4 宀	4 81.0 比
増	減	界	世
15 32.12 土	12 85.9 水	9 103.4 田	5 1.4 一
糖	舒	食	加
16 119.10 米	12 135.6 舌	9 184.0 食	5 19.3 力
糧	解	剛	休
18 119.12 米	13 148.6 角	10 18.8 刀	6 9.4 人
題	像	息	件
18 181.9 頁	14 9.12 人	10 61.6 心	6 9.4 人

SIMPLIFIED FORMS

Form	Strokes / Index / Radical	Form	Strokes / Index / Radical
剛 : 刚	6 18.4 刀	緊 : 紧	10 120.4 糸
產 : 产	6 8.4 亠	糧 : 粮	13 119.7 米
減 : 减	11 15.9 冫	題 : 题	15 181.9 頁
像 : 象	12 152.5 豕		

剛：刚　緊：紧
產：产　糧：粮
減：减　題：题
像：象

VARIANT FORMS

Form	Strokes / Index / Radical	Form	Strokes / Index / Radical
解 : 解, 觧	13 148.6 角	增 : 增	15 32.12 土
像 : 像	14 9.12 人		

NEW COMMON RADICAL

No. 119 米 "rice": 糖，糧

NEW WORDS

世	shì	(world, era)
界	jiè	(boundary)
世界	shìjiè N	world 17
題	tí	(theme)
問題	wèntí N	question 15; problem 17
世界上的問題	shìjièshangde wèntí	problems in the world 17
解	jiě	(loosen)
解決	jiějué V	solve 17
比	bǐ V	compare 19
比方	bǐfang N	example; illustrative gesture 17
比方說	bǐfāng shuō IE	for example 17
做比方	zuò bǐfang VO	draw an example 19
	--- CV	compared with, than 19
糧	liáng	(grain)
食	shí	(eat)
糧食	liángshi N	foodstuffs, food 17
產	chǎn	(produce)
生產	shēngchǎn V	produce 17
	--- N	production 17
加	jiā	(add); (used to represent the foreign sounds <u>ca</u>, <u>ga</u>)
加州	Jiāzhōu PW	California 12
增	zēng	(increase)
增加	zēngjiā V	increase 17
減	jiǎn	(decrease)
減少	jiǎnshǎo V	decrease 17

緊	jǐn	(tight, urgent)
要緊	yàojǐn SV	important 19
不要緊	búyàojǐn. IE	It doesn't matter. 19
舒	shū	(unroll)
舒服	shūfu SV	comfortable 12
不舒服	bùshūfu SV	uncomfortable; slightly ill 12
剛	gāng A	just (recently, in the past) 10
剛纔	gāngcái MA	just a moment ago 13
休	xiū	(rest)
息	xí, xi	(rest)
休息	xiūxi V	rest
糖	táng N	sugar; candy 7
件	-jiàn M	(articles of clothing; things, matters) 9
像	xiàng V	resemble 16
	--- SV	alike, similar 16
完	wán V	finish, complete 19
	--- VS	finished, up 19

NEW USES FOR OLD CHARACTERS

拿	ná	(used to represent the foreign sound na)
大	dà	(used to represent the foreign sound da)
加拿大	Jiānádà PW	Canada 5
試	shì V	try, try on 19
	--- AV	try to 19

左右	zuǒyòu BF	approximately (after NU-M or NU-M N) 19
三塊(錢)左右	sānkuài (qián) zuǒyòu	approximately three dollars
海	hǎi N	sea 19
海邊(兒)	hǎibiār, -biān PW	seashore 19
小	Xiǎo BF	(prefixed to monosyllabic surnames) 19
小王	Xiǎo Wáng	Wang
後來	hòulai MA	afterwards, and then (in the past) 19
就是	jiùshi A V	although 19
老(是)	lǎo(shi) A	always, keep on, insist on 19
好	hǎo A	very, quite 19
好像	hǎo xiàng A SV	quite similar
好像	hǎoxiàng MA	seemingly, it seems 19
看	kàn V	depend 19
信	xìn V	believe 19
停下	tíngxia V	come to a stop (with <u>lai</u>) 19
站	zhàn V	stand 19
起	-qi VS	up (with <u>lai</u>) 19
站起	zhànqi V	stand up (with <u>lai</u>) 19
没事	méi shì VO	nothing is the matter 19
地	de	(often used instead of 的 as an adverbial suffix)
得	de	(often used instead of 的 before manner comments
她畫得很好。	ta huàde hěn hǎo.	She paints very well。

一天(一)天的	*yìtiān(yì)tiānde A	day by day
得多	-deduō P	much 19
多了	-duō le P	much 19
她比我高多了。	ta bǐ wǒ gāoduō le.	She's much taller than I。

READING EXERCISES

PHRASES AND SENTENCES

世界

世界。世界上。世界上的工廠。世界上的人口。

題

問題。人口問題。

解

解決。怎麼解決？很難解決。

比

誰比她高？她妹妹比她高。

糧食

糧食不夠。糧食太多。

產

生產。生產糧食。生產的糧食不夠。

加

加拿大。加州。加州大學。

增

增加。增加生產。增加糧食生產。

減

減少。減少飛機生產。

緊

要緊。很要緊。不要緊。

舒

舒服。不舒服。很不舒服。

剛

剛來。剛走。剛出去。剛纔。剛纔你說甚麼？

休息

休息。休息了一會兒。休息了半天

糖

喜歡吃糖。茶裏要糖嗎？我的茶裏不要糖。

件

四件衣服。五件事情。這五件事情都得今天做。

像

她像誰？她像她母親。她弟弟也像母親嗎？他弟弟像父親。很像。他們兩個人很像。

完

那本書你看完了嗎？還沒看完呢。你甚麼時候可以把它看完？明天早上一定會看完。

LONGER SENTENCES

1. 世界上人口最多的國家是哪一個國家？
2. 「世界上的人都穿衣服，對不對？」他想了想，說：「不對。」

3 那個孩子最愛問問題，每天從早上問到晚上沒停過。

4 大問題小問題都得一個一個地解決。

5 日本要跟俄國比一比哪一國的工廠大？

6 在中國歷史上，糧食不夠的時候多不多？

7 糧食不夠可以從外國買，可是不應當每年都從外國買。

8 他們那一個公社今年生產的糧食比哪一年都多。

9 路上的車一天一天地增加，每天早上七點鐘到八點鐘的時候，這幾條路都很難走。

10 人都得吃飯。人口增加就得增加糧食生產。

11 城裏頭的人口一天天地減少，城外頭的人口一天天地增加。

12 有些不要緊的問題，有的時候是很要緊的問題。

13 他說他喝酒喝得太多了，所以有點兒不舒服。

14 你們剛走，他就回來了。

15 你剛纔說的那一句話，我沒聽完就聽了一半兒。

16 她吃完了飯，休息了一會兒，又到圖書館去了。

17 他每天回家吃午飯，吃完午飯休息十幾分鐘纔回到工廠去。

18 這些糖跟美國糖不一樣，是他剛從中國帶回來的。

19 你那件衣服穿了那麼多年了，應當買一件新的了。

20 今天的天氣真像春天，不冷也不熱。

DIALOGS

(一)

Ⓐ 世界上沒有飯吃的人那麼多，你想這個問題怎麼解決？

Ⓑ 我想很難解決。

Ⓐ 爲甚麼很難解決呢？

Ⓑ 因為人口一天比一天多。

Ⓐ 多生產些糧食行不行？

Ⓑ 行。可是糧食生產沒有人口增加得那麼快，那怎麼辦呢？

Ⓐ 減少人口。

Ⓑ 減少人口？人口怎麼可以減少？

Ⓐ 對不起，我的意思是說人口不應當增加得那麼快，不是說真要減少人口。

(二)

Ⓐ 你怎麼了？

Ⓑ 有點兒不舒服。

Ⓐ 這幾天的天氣真不好。

Ⓑ 可不是嗎。像今天中午那麼熱，差不多跟夏天一樣，現在又回到冬天來了。我剛纔在街上等公共汽車，等了半個鐘點。我穿的衣服不夠，所以覺得很冷。

Ⓐ 你要喝點兒熱水嗎？

Ⓑ 好。謝謝你。

(過了一會兒)

Ⓐ 你現在覺得好一點兒了嗎？

Ⓑ 好多了。

Ⓐ 你多喝點兒水，休息休息就沒事了。

(三)

Ⓐ 你來了多麼久了？

Ⓑ 剛來。

Ⓐ 剛走出去的那個人是誰？

Ⓑ 你不知道他是誰嗎？他剛纔跟我說他是你的朋友。

Ⓐ 他不是我的朋友，他好像是我弟弟的朋友。你知道他姓甚麼嗎？

Ⓑ 我問過他，他告訴我了，可是我忘了。

（四）

Ⓐ 我有一件事情想請你幫幫忙。

Ⓑ 甚麼事？

Ⓐ 我要找一個地方住。有一個朋友告訴我說這一個地方很好。這是這個地方的電話。可是因爲我的英文不夠好，請你給我打一個電話去問問，好不好？

Ⓑ 好。

SENTENCES IN SIMPLIFIED CHARACTERS

题(題)**粮**(糧)**产**(產)**减**(減)**紧**(緊)**刚**(剛)**象**(像)

1 世界上人口最多的国家是哪一个国家?

2 『世界上的人都穿衣服，对不对？』他想了想，说:『不对』。

3 那个孩子最爱问问题，每天从早上问到晚上没停过。

4 大问题小问题都得一个一个地解决。

5 日本要跟俄国比一比哪一国的工厂大。

6 在中国历史上，粮食不够的时候多不多?

7 粮食不够可以从外国买，可是不应当每年都从外国买。

8 他们那一个公社今年生产的粮食比哪一年都多。

9 路上的车一天一天地增加，每天早上七点钟到八点钟的时候，这几条路都很难走。

10 人都得吃饭。人口增加就得增加粮食生产。

11 城里头的人口一天天地减少，城外头的人口一天天地增加。

12 有些不要紧的问题，有的时候是很要紧的问题。

13 他说他喝酒喝得太多了，所以有点儿不舒服。

14 你们刚走，他就回来了。

15 你刚才说的那一句话，我没听完，就听了一半儿。

16 她吃完了饭，休息了一会儿，又到图书馆去了。

17 他每天回家吃午饭，吃完午饭休息十几分钟才回到工厂去。

18 这些糖跟美国糖不一样，是他刚从中国带回来的。

19 你那件衣服穿了那么多年了，应当买一件新的了。

20 今天的天气真象春天，不冷也不热。

LESSON 20

W20.1 Potential verbal suffixes (20.1). The infixes -de- and -bu- may be inserted between a verb and the sentence particle lai and qu, or between a verb and most of the verbal suffixes introduced so far (exceptions are -gei, -zai, -huà, -zhe, and -- for some -- -zǒu). The resulting forms are "potential verbal suffixes": -de- makes a "positive potential verbal suffix", usually translated "can", and -bu- makes a "negative potential verbal suffix", usually translated "cannot". A few potential suffixes lack corresponding non-potential forms. The examples below are meant to be illustrative rather than exhaustive.

做得了	zuòdeliǎo	can do
做不了	zuòbuliǎo	can't do
上不來	shàngbulái	can't come up (here)
起得來	qǐdelái	can get up
想不出來	xiǎngbuchūlái	can't work out (thinking)
說得出來	shuōdechūlái	can get out (speaking)
站不起來	zhànbuqǐlái	can't stand up
想得起來	xiǎngdeqǐlái	can recall
坐不下	zuòbuxià	can't hold (sitting down)
拿得到	nádedào	can take to
聽不懂	tīngbudǒng	can't understand (listening)
看得見	kàndejiàn	can see
說不完	shuōbuwán	can't finish speaking
買得着	mǎidezháo	can (succeed in) buy(ing)

用不着	yòngbuzháo	can't use; no use in
開得開	kāidekāi	can open
叫不醒	jiàobuxǐng	can't wake up (by calling)
做得好	zuòdehǎo	can do satisfactorily
洗不乾淨	*xǐbugānjing	can't wash clean
看得了	kàndeliǎo	can read
買得起	mǎideqǐ	can get up the means to buy, can afford
看不起	kànbuqǐ	look down on (in disrespect)

NEW CHARACTERS
LESSON 20

經	院	狗	已
13 120.7 糸	10 170.7 阜	8 94.5 犬	3 49.0 己
種	隻	門	必
14 115.9 禾	10 172.2 隹	8 169.0 門	5 61.1 心
醫	廁	故	次
18 164.11 酉	12 53.9 广	9 66.5 攴	6 76.2 欠
藥	然	笑	見
19 140.15 艸	12 86.8 火	10 118.4 竹	7 147.0 見
議	結	病	果
20 249.13 言	12 120.6 糸	10 104.5 疒	8 75.4 木

SIMPLIFIED FORMS

見	:	见	4 147.0 見	經	:	经	8 120.5 糸
門	:	门	3 169.0 門	種	:	种	9 115.4 禾
隻	:	只	5 30.2 口	醫	:	医	7 22.5 匚
廁	:	厕	8 27.6 厂	藥	:	药	9 140.6 艸
結	:	结	9 120.6 糸	議	:	议	5 149.3 言

見：见　經：经
門：门　種：种
隻：只　醫：医
廁：厕　藥：药
結：结　議：议

NEW COMMON RADICALS

No. 94 犬 "dog": 狗 This radical is regularly reduced to a three stroke element 犭 written on the left hand side of the character.

No. 104 疒 "sickness": 病

No. 170 阜 "mound" 院 This radical is regularly reduced to a three stroke element 阝 written on the left hand side of the character. It is often called the "left hand ear" and is to be distinguished from No. 163, the "right hand ear". (邑 , 阝)

NEW WORDS

議		yì	(to deliberate)
	會議	huìyì N	meeting, conference 20
結		jié	(finish)
果		guǒ	(fruit)
	結果	jiéguǒ N	outcome, result 20
		--- MA	as a result, finally, in the end 20
	水果	shuǐguǒ N	fruit 7
見		jiàn V	see, meet 13
	再見	zài jiàn. IE	See you later. 5
見		-jian VS	so that the actor perceives what he is trying to perceive 20
	看見	kànjian V	perceive seeing, see 16
	聽見	tīngjian V	perceive hearing, hear 20
次		-cì M	occasion, time 11
	上一次	shàngyicì TW	last time 11
	下一次	xiàyicì TW	next time 11
笑		xiào V	laugh at; laugh, smile 19
	笑話(兒)	xiàohua(r) N	joke 19
	笑話	xiàohua V	make fun of 16
故		gù	(old)
	故事	gùshi N	story 15
	說故事	shuò gùshi VO	tell a story 15
		bìng N	sickness; disease 19

病			
	有病	yǒu bìng VO	be sick 19
		--- V	get sick 19
醫		yī BF	healing art, medicine 20
	醫生	yīsheng N	physician 19
藥		yào N	medicine, medicinal herb 20
	吃藥	chī yào VO	take medicine 20
	藥房	yàofáng N	drugstore 20
	藥舖(兒)	yàopù(r) N	medicinal herb shop, shop where Chinese medicine is sold 20
種		zhòng V	plant, grow 9
種		-zhǒng M	kind, variety 14
院		yuàn BF	institute 20
	醫院	yīyuàn N	hospital 20
	進院	jìn yuàn VO	enter the hospital 20
	出院	chū yuàn VO	leave the hospital 20
必		bì	(must)
	不必	búbì AV	not necessary to 14
	不必了	búbì le. IE	It's not necessary. 14
	不必客氣	búbì kèqi。 IE	It's not necessary to be polite. 14
廁		cè	(privy)
	廁所	cèsuǒ N	rest room, toilet 20
	男廁所	*náncèsuǒ N	men's room
	女廁所	*nǚcèsuǒ N	ladies' room
然		rán	(like that, so)
	要不然	yàoburán MA	if it is not like that, otherwise 19

當然	dāngrán MA	naturally 19
(那)當然。	(nà) dāngrán. IE	Of course. / Naturally. 19
隻	-zhī M	(certain domestic animals) 9
狗	gǒu N	dog 20
小狗(兒)	xiǎo gǒu(r) N	puppy
已	yǐ	(already)
經	jīng	(pass through)
已經	yǐjing A	already 12
經過	jīngguo V	pass by, cross through, undergo 17
門	mén N	door, gate 10
門外頭	mén wàitou PW	outdoors (near the house) 10
大門	dà mén N	big door; main gate 10
開門	kāi mén VO	open the door 10; be open (for business) 14
門口(兒)	ménkǒu(r) PW	doorway 16
門	-mén M	(courses of study) 15

NEW USES FOR OLD CHARACTERS

會	huì N	meeting, conference 20
開會	kāi huì VO	hold a meeting, attend a meeting, start a meeting 20
口香糖	kǒuxiāngtáng N	chewing gum 20
法子	fázi N	way, method 20
想法子	xiǎng fázi VO	think of a way to 20
没法子	méi fázi. IE	There's no way out. 20

氣	qì N	air; anger 20
生氣	shēng qì VO	get angry 20
生氣	shēngqì SV	angry 20
大家	dàjiā N	everybody 20
坐下	zuòxia V	sit down 19
懂	-dǒng VS	so that the actor understands as the result of the activity expressed by the verb 20
看懂	kàndǒng V	understand (reading) 20
聽懂	tīngdǒng V	understand (listening) 20
得	-de- P	(positive potential verbal infix) can 20
不	-bu- P	(negative potential verbal infix) cannot 20
了	liǎo	(finish)
得了	-deliǎo VS	can finish, can do successfully 20
不了	-buliǎo VS	cannot finish, cannot do successfully 20
得起	-deqǐ VS	can afford to 20
不起	-buqǐ VS	cannot afford to 20
住不起	zhùbuqǐ V	cannot afford to live in 20
看不起	kànbuqǐ V	look down on (in disrespect) 20
好	-hǎo VS	so that the action denoted by the verb is satisfactorily completed 20
做好	zuòhǎo V	do satisfactorily 20
着	-zháo VS	so that the goal implied by the verb is successfully attained 20

買着	mǎizháo V	(succeed in) buy(ing)
加	jiā V	add, plus 20
住	zhù V	*hold (as occupants of a dwelling or hospital)
關	guān V	close 16
上	-shang VS	so that the action of the verb is executed tightly 20
關上	guānshang V	close (up) 20
關不上	guānbushàng	can't close 20
好玩兒	hǎowár SV	fun to play with; cute 20

READING EXERCISES

PHRASES AND SENTENCES

議

會議。會議。糧食會議。糧食生產會議。

結 **果**

結果很好。沒有結果。有甚麼結果?結果怎麼樣?水果。水果很貴。

見

看見。看得見。看不見。聽見。沒聽見。聽見了。

次

聽了兩次。聽見了兩次。我看過一次。我就看過一次。上一次。下一次。

笑

笑甚麼?他們笑甚麼?他們笑電影裏開得快極了的那個汽車。說笑話。

故

故事。說故事。聽故事。一個很長的故事。一個很有意思的故事。

病

他病了。他病了三天了。他的病好了。他的病好了三天了。她也有病。

醫

醫生。醫生不在家。醫生出去了。醫生出去看病人去了。

藥

買藥。吃藥。藥很貴。藥都很貴。藥鋪。藥房。

種

一種樹。兩種樹。兩種中國樹。種樹。種了兩種樹。種了兩種中國樹。

院

醫院。醫院在哪兒?醫院在城外頭。城裏頭沒有醫院嗎?

必

不必。不必買。不必買了。不必去。不必去了。

廁

廁所。男廁所。女廁所。圖書館裏有四個廁所。

然

要不然。要不然不夠。要不然太少。當然。那當然。她當然要來。

隻

一隻豬。豬,我們說一隻豬,牛,我們說一頭牛。

狗 我們常說一條狗，有的人也說一隻狗。小狗兒。

已經 經過。經過那個城。已經經過那個城了。經過過那個城。經過那個城的時候，請你停一停。

門 門口。門口兒。在門口兒那兒站着。在門口兒那兒站着的那個人。大門。大門外頭有些樹。他們甚麼時候開門？門外頭。孩子們在門外頭玩兒呢。

LONGER SENTENCES

1 聽說明年的世界糧食會議要在俄國開。

2 會議的結果是明年開第二次會議，後年開第三次會議，大後年開第四次會議……。

3 那件事情後來没有甚麼結果。

4 山上那幾個字那麼大，你應當看得見。

5 我已經告訴他三次了，可是他還是忘了。

6 別笑話我，要是笑話我，我就畫不出來了。

7 這不是漢朝時候的故事，是明朝時候的故事。

8 那個工人像是有病的樣子。

9 那個國家人口那麼多，可是就有三百多個醫生。

10 這個藥是我去年在英國買的，我不知道還能用不能用。

11 前幾年他每年都種些樹，現在這些樹都很大了。

12 工廠裏的那個醫院很大，可以住兩百多病人。

13 你不必買了。我這兒有，你拿去用吧。

14 飛機上的廁所沒有火車上的那麼大。

15 你把它寫下來吧，要不然你又忘了。

16 他們那隻大豬是跟六隻小豬一起買的。

17 他那隻狗真喜歡睡覺，我每次看見它，它都睡着覺呢。

18 天已經黑了，怎麼他們還不回來呀？

19 已經十二點了，我想你們都應當休息休息了。

20 昨天下完了雨以後，門口到處都是水。

DIALOGS

（一）

Ⓐ 世界上這些問題，真難解決。

Ⓑ 甚麼問題那麼難解決？

Ⓐ 你看，世界糧食會議開了一個禮拜的會了，有甚麼結果？

Ⓑ 問題是要人來解決的，是不是？那麼人要是說：好，我們大家一塊兒來解決這個問題，你想那還有甚麼解決不了的呢？

（二）

Ⓐ 你聽見他說甚麼了嗎？

Ⓑ 我聽見了，可是我聽不懂。

Ⓐ 你再聽一次。

Ⓑ 這一次我聽懂了。

（三）

Ⓐ 他們笑甚麼？

Ⓑ 他們聽那個人説笑話兒呢。

Ⓐ 那個人真會説笑話兒，他也很會説故事。你聽見過他説故事没有？

Ⓑ 没有。

Ⓐ 下一次他説故事的時候，你一定要去聽聽。

（四）

Ⓑ 聽説國新病了，今天好點兒了嗎？

Ⓐ 他昨天没上課，去看醫生去了。

Ⓑ 今天怎麼樣？

Ⓐ 今天吃了藥好點兒了。

Ⓑ 他吃的是甚麼藥？

Ⓐ 那兩種藥的名字都很長，我念不出來。

Ⓑ 那些藥都是在醫院裏買的嗎？

Ⓐ 不是。有一種醫院裏没有，是在城裏一個藥房買的。

Ⓐ 他還要去看醫生嗎？

Ⓑ 醫生説他不必再去了，吃完了這些藥就會好了。

（五）

Ⓐ 廁所在哪裏？

Ⓑ 在樓下左邊。你一下樓往左走就看見了。

Ⓐ 謝謝你。我帶我孩子去一會兒就回來。請你們等我們一會兒。

（六）

Ⓐ 請你把門關上，要不然那隻小狗又要進來了。

Ⓑ 你知道那條狗是誰的嗎？

Ⓐ 我不知道。你把門關好，你關不好，它還是進得來。

Ⓑ 你不是很喜歡小狗的嗎？

Ⓐ 我是喜歡小狗兒，那隻小狗兒很好玩兒，可是我得預備功課，我現在没工夫。你把門關好了嗎？

Ⓑ 已經關好了。

（過了一會兒）

Ⓑ 你聽聽，小狗在外邊叫你呢。

Ⓐ 你把門開開，叫它進來吧。

SENTENCES IN SIMPLIFIED CHARACTERS

议(議)**结**(結)**见**(見)**医**(醫)**药**(藥)**种**(種)**厕**(廁)**只**(隻)**经**(經)**门**(門)

1 听说明年的世界粮食会议要在俄国开。
2 会议的结果是明年开第二次会议，后年开第三次会议，大后年开第四次会议….。
3 那件事情，后来没有什么结果。
4 山上那几个字那么大，你应当看得见。
5 我已经告诉他三次了，可是他还是忘了。
6 别笑话我，要是笑话我，我就画不出来了。
7 这不是汉朝时候的故事，是明朝时候的故事。
8 那个工人象是有病的样子。
9 那个国家人口那么多，可是就有三百多个医生。
10 这个药是我去年在英国买的，我不知道还能用不能用。
11 前几年他每年都种些树，现在这些树都很大了。
12 工厂里的那个医院很大，可以住两百多病人。
13 你不必买了。我这儿有，你拿去用吧。
14 飞机上的厕所没有火车上的那么大。
15 你把它写下来吧，要不然你又忘了。
16 他们那只大猪是跟那六只小猪一起买的。
17 他那只狗真喜欢睡觉，我每次看见它，它都睡着觉呢。

18 天已经黑了，怎么他们还不回来呀？
19 已经十二点了，我想你们都应当休息休息了。
20 昨天下完了雨以后，门口到处都是水。

LESSON 21

W21.1 Three patterns using V-VS compounds (21.1). V-le (bàntiān), kěshi méi V-VS "V-ed (for a long time), but not so that VS":

她寫的那本書，我買了半天，可是沒買着。	ta xiě de nèiběn shū, wǒ mǎile bàntiān, keshi méimǎizháo.	I shopped for the book she wrote for a long time, but I didn't find it.

V-le (bàntiān), kěshi V-bu-VS "V-ed (for a long time), but couldn't VS":

她寫的那本書，我買了半天，可是買不着。	ta xiě de nèiběn shū, wǒ mǎile bàntiān, keshi mǎibuzháo.	I shopped for the book she wrote for a long time, but I couldn't find it.

'zěmma V, yě V-bu-VS "V no matter how much, and still can't VS":

他寫的那個故事，我看了半天，可是怎麼看，也看不懂。	ta xiě de neige gùshi, wo kànle bàntiān, keshi 'zemma kàn, yě kànbudǒng.	I've been reading the story he wrote for a long time, but no matter how (hard) I read it, I still don't understand it.

W21.2 More on reduplication.

W21.2.1 "VR"--"Vivid reduplicatives" (19.N5, 19.2). Vivid reduplicatives are formed by reduplicating a stative verb, and most of the time have favorable meanings: "nice and SV". In Peking speech, if the stative verb is originally one syllable long, the second syllable of the reduplicative takes the first tone and adds the suffix -r.

好好 (Peking: 好好兒)	hǎohǎo (Peking: hǎohāor)	(nice and) good

If the original stative verb is disyllabic and the second syllable has the neutral tone, the fourth syllable of the reduplicative sometimes takes the first tone:

清清楚楚	qīngqingchuchū	nice and clear

If the original stative is disyllabic and both syllables carry tones other than neutral, the two syllables are simply repeated successively:

高高興興	gāogāoxìngxìng	nice and happy

Vivid **reduplicatives** occur in three common patterns. First, they occur with the noun suffix <u>-de</u> after a verb:

我買了個長長的。	wo mǎile ge cháng-chāngde.	I bought one that was nice and long。

Second, they occur with the adverbial suffix <u>-de</u> as a manner comment:

她能寫得清清楚楚的。	ta néng xiě de qīngqingchuchūde.	She can write nice and clearly。

Third, they occur before verbs, which they modify. The adverbial suffix <u>-de</u> is optional with **reduplicatives** based on one-syllable stative verbs, but it is obligatory otherwise.

慢慢地開車呀。	mànmān(de) kāi chē ya.	Drive slowly.
清清楚楚地說吧。	qīngqingchuchūde shuō ba.	Say it nice and clearly

W21.2.2 <u>yì-M(-yì)-M-de</u> "M by M" in adverbial position (21.2.2):

一天(一)天地長高了。	ìtiān(yì)tiānde zhǎnggāo le.	He grew taller day by day.

W21.3 <u>"LE"--"Literary expressions"</u> (19.N4). Literary expressions are expressions borrowed from the literary language, which is based on a standard language spoken in China some two thousand years ago. These expressions are usually four syllables long and are often balanced--the first two syllables are grammatically and/or semantically of the same categories as the second two syllables. Sometimes the first and third syllables are identical:

練寫練畫	liàn-xiě-liàn-huà	practise writing and drawing

W21.4 <u>Disjunctive number expressions</u> (6.8). Indefinite expressions of the type "two or three" are made in Chinese the same way as in English, except that there is no Chinese word corresponding to the English word "or". Most often the two numbers are adjacent in the series, in both Chinese and English; Chinese also has a variant where the numbers skip an intervening number.

三、四個	sān-sìge	three or four
三、五本書	sān-wǔběn shū	three or (four or four or) five books

NEW CHARACTERS

LESSON 21

楚	乾	注	目
13 75.9 木	11 5.10 乙	8 85.2 水	5 109.0 目
練	淨	俗	址
15 120.9 糸	11 85.8 水	9 9.7 人	7 32.5 土
論	清	重	弄
15 149.8 言	11 85.8 水	9 166.2 里	7 55.4 廾
繼	組	容	成
20 120.14 糸	11 120.5 糸	10 40.7 宀	7 62.3 戈
續	提	討	易
21 120.15 糸	12 64.9 手	10 149.3 言	8 72.4 日

SIMPLIFIED FORMS

討	:	讨	5 149.3 言	練	:	练	8 120.5 糸
乾	:	干	3 51.0 干	論	:	论	6 149.4 言
淨	:	净	8 15.6 冫	繼	:	继	10 120.7 糸
組	:	组	8 120.5 糸	續	:	续	11 120.8 糸

討：讨　練：练
乾：干　論：论
淨：净　繼：继
組：组　續：续

VARIANT FORM

成 : 成 6 62.2 戈

NEW WORDS

容		róng	(tolerate)
易		yì	(easy)
	容易	róngyi SV	easy 7
		--- A	easy to 8
續		jì	(connect)
繼		xù	(continue)
	繼續	jìxù(de) A	continuously 16

練		liàn	(to train)
	練字練畫	*liàn-zì-liàn-huà LE	practise calligraphy and painting
	練習	liànxi N	exercise (in studying) 15
	練習	liànxí, -xi V	practise 15
俗		sú	(customary)
	俗語	súyǔ, -yuěr N	popular saying 21
	俗話	súhuà N	popular saying 21
乾		gān	(dry)
淨		jìng	(limpid)
	乾淨	gānjing SV	clean 20
	乾乾淨淨	gānganjingjing VR	nice and clean
		--- VS	clean 20
	洗乾淨	xǐgānjing V	wash clean 20
討		tǎo	(seek)
論		lùn	(discuss)
	討論	tǎolùn V	discuss 21
		--- N	discussion 21
	不論	búlùn V	no matter 19
目		mù	(eye)
	目的	mùdì, -di N	goal, objective 21
清		qīng	(clear)
楚		chǔ	(name of a state in the Warring States period)
清楚		qīngchu SV	clear, intelligible 15
		--- VS	clear 18
	說清楚	shuōqīngchu V	say clearly 18
弄		nòng V	do 21
	弄好	nònghǎo V	fix 21

弄清楚	nòngqīngchu V	make clear 21
重	zhòng	(heavy)
重要	zhòngyào SV	important 17
組	-zǔ M	group (of people), section 21
成	-chéng VS	(become:) into 17
分成	fēnchéng V	divide into 21
注	zhù	(notice)
注重	zhùzhòng V	emphasize 21
提	tí V	mention, bring up (formally) 21
提出	tíchu V	submit, mention, bring up (with lai) 21
提到	tídào V	(get as far as) mention(ing), bring up 21
址	zhǐ	(boundary)
住址	zhùzhǐ N	address (of a residence) 15
地址	*dìzhǐ N	address (in general)

NEW USES FOR OLD CHARACTERS

的	dì	(bull's eye)
目的	mùdì, -di N	goal, objective 21
分	fēn V	divide, separate, share 21
分給	fēngei V	give (as one's share) 21
分成	fēnchéng V	divide into 21
意見	yìjiàn N	opinion, point of view 21
辦法	bànfa N	method, way 21
想辦法	xiǎng bànfa VO	think of a way, arrive at a solution 21

没(有)辦法	méi(you) bànfa。 IE	Nothing can be done (about it). 21
廣東	Guǎngdōng PW	Kwangtung 21
廣東人	Guǎngdōngrén N	Cantonese (person) 21
廣東話	Guǎngdōnghuà N	Cantonese (language) 21
各	gè- BF	every, each, numerous 21
各人	gèrén N	each person 21
各國	gèguó N	various countries 21
各種	gèzhǒng N	each kind, all the various kinds 18
到底	dàodǐ A	after all, really 21
生	shēng SV	unfamiliar 21
生人	shēngren N	stranger 21
生字	shēngzì N	new word 21
到時候	dào shíhou VO	when the time comes 21
了解	liǎojiě V	understand, comprehend 21
開	-kai VS	open; separated, away 20
開開	kāikai V	open 20
走開	zǒukai V	walk away 20
分開	fēnkai V	separate 21
開學	kāi xué VO	begin school 21
報告	bàogào V/N	report 21
夠	gòu V	be enough for 21
還	huán V	return 21
還給	huángei V	return to 21
念	niàn V	recite, read aloud 21
買了	mǎile V	spend on 21
起	-qi VS	begin to (with lai) 21

住	-zhù, -zhu VS	tight, stopped 21
站住	zhànzhù V	stand still 21
拿住	názhù V	hold tight to 21
記住	jìzhù V	remember (firmly) 21
問住	wènzhù V	to stump (with a question) 21
會	-huì VS	learned 21
學會	xuéhuì V	have learned 21
再說	zài shuō CA	furthermore 21
再說吧	... zài shuō ba. IE	... and then we'll see what can be done 21
(要)不是	(yào)búshi A	if not 21
(要是)X的話	(yàoshi) X de huà ...	if X ... 21
半天	bàntiān NU-M	a long time, half a day 19
啊，呀	*a, ya, P	(in imperative sentences)
對	*-duì VS	correct right
弄對了	nòngduì le	made it correct
下	*-xia VS	continue, go on (with qu)
又X，又Y	yòu X, yòu Y	both X and Y 21

READING EXERCISES

PHRASES AND SENTENCES

容易

真容易。真不容易。容易辦。不容易辦。這件事真不容易辦。

繼續

繼續學。繼續念。繼續工作。繼續教書。繼續生產。繼續生產很多的糧食。

練

練習。練習寫字。練字練畫。

俗

俗語。有一句俗語說：：。這句俗語我沒聽見過。這是一句俄國俗語。

乾淨

乾淨。這件衣服洗不乾淨。洗乾淨一點兒。洗乾淨了。沒洗乾淨。那個地方很乾淨。

討論

討論。討論一個問題。討論歷史上的一個問題。

目

目的。目的是世界和平。目的是教孩子們怎麼在一塊兒玩。

清楚

不清楚。說得不清楚。寫得不清楚。念得不清楚。

弄

弄好了。弄對了。弄乾淨了。弄清楚了。

重

重要。重要的事。一件重要的事。一件不很重要的事。

組

一組。兩組。好幾組。好幾十組。第七組。第八組。

成

分成了五個工作小組。分成了五個工作小組了。

注

注重。注重說話不注重看書。注重看書不注重寫字。

提

提出一些問題來討論。請你把你寫的報告提出來討論討論。

址

住址。地址。這是我的住址。這是我現在的住址。請你寫給我你的住址。信封上的地址。信封上的地址是：紐約一百七十六街八十九號。

LONGER SENTENCES

1 他說他知道研究中國歷史不容易，可是他對中國歷史有興趣，所以他願意研究。

2 世界上的事，有些難做，有些不太難做，有些很容易做，可是很容易做的事不多。

3 你們別忘了這個工廠跟我們公社的關係啊。

4 他明年打算到臺灣去繼續研究中國歷史。

5 我從前學過畫畫兒，後來我沒繼續學，所以畫得不好。

6 他每天早上都用三個鐘頭練字，練畫。

7 他記得的俗語真不少，每一個都很有意思。

8 本來這條街是城裏最乾淨的，可是這幾天，天天下雨，所以弄得又不乾淨又難走。

9 這些衣服都洗乾淨了，你可以帶回學校去給你妹妹。

10 這個問題真是不容易解決。他們討論了三天了，還是沒有結果。

11 有人說我們繼續這樣討論下去，再討論十天也還是沒有結果。

12 我們的目的不就是討論這個問題，是討論怎麼解決這個問題。

13 請他先把這個問題說清楚了我們再討論。

14 他說得很清楚了。可是我還是有幾個地方不大明白，最好請他再說一次。

15 這個問題今天不解決不行，因爲這個問題太重要了。

16 我們這一組不是不喜歡做，可是我要問一問：為甚麼老是我們這一組做飯？

17 我們最好分成兩組：一組討論俄國問題，一組討論日本問題。

18 要是我們把九十人分成兩組，會不會每一組的人太多了。

19 我們要注重的第一件事，是：怎麼樣增加糧食生產。

20 你們提出來的問題都這麼難解決，提幾個容易一點兒的好不好？

21 你要他的住址嗎？我可以寫給你。

DIALOGS

（一）

Ⓐ 學中文真不容易啊！那麼多生字，怎麼能記得住啊？

Ⓑ 我看不是記得住記不住的問題，你要是不繼續練習，很快的就能把學會了的字都忘了。再說呢，也不是學得快學得慢的問題。學得快學得慢沒關係，要是你不繼續練習，過了兩三年就能把學過的中文忘得乾乾淨淨的了。

（二）

Ⓐ 我想我們今天可以討論討論以後怎麼可以把中文學好。請你們各人把自己的意見說出來。

Ⓑ 我覺得我們先得把我們的目的弄清楚。要是我們想學說中

國話，那麼一定要多聽多説，要是我們想學看中文書，那麼一定要多看多寫。

Ⓒ 我覺得多聽，多説，多看，多寫，都很重要，我就是不知道先學甚麼好。

Ⓓ 我覺得我們四個人可以分成兩組，每一組兩個人，今年夏天，一組到臺北，一組到北京。一組注重多聽多説，一組注重多看多寫，秋天開學的時候，我們再在一塊兒開三次會。第一次報告研究的結果，第二次討論各人的報告，第三次提出一些辦法來。我不知道你們覺得我這個意見怎麼樣？

Ⓐ （對Ⓑ跟Ⓒ説：）你們兩個人覺得怎麼樣？

Ⓑ 這個意見好極了。

Ⓒ 我看我們就這麼辦吧。

SENTENCES IN SIMPLIFIED CHARACTERS

继(繼)**续**(續)**练**(練)**干**(乾)**净**(淨)**讨**(討)**论**(論)**组**(組)

1 他说他知道研究中国历史不容易，可是他对中国历史有兴趣，所以他愿意研究。

2 世界上的事，有些难做，有些不太难做；有些很容易做，可是很容易做的事不多。

3 你们别忘了这个工厂跟我们公社的关系啊。

4 他明年打算到台湾去继续研究中国历史。

5 我从前学过画画儿，后来我没继续学，所以画得不好。

6 他每天早上都用三个钟头练字，练画。

7 本来这条街是城里最干净的，可是这几天，天天下雨，所以弄得又不干净又难走。

8 这些衣服都洗干净了，你可以带回学校去给你妹妹。

9 这个问题真是不容易解决。他们讨论了三天了，还是没有结果。

10 有人说我们继续这样讨论下去，再讨论十天也还是没有结果。

11 我们的目的不就是讨论这个问题，是讨论怎么解决这个问题。

12 请他先把这个问题说清楚了我们再讨论。

13 他说得很清楚。可是我还是有几个地方不大明白，最好请他再说一次。

14 这个问题今天不解决不行，因为这个问题太重要了。

15 我们这一组不是不喜欢做，可是我要问一问为什么老是我们这一组做饭?

16 我们最好分成两组: 一组讨论俄国问题，一组讨论日本问题。

17 要是我们把九十人分成两组，会不会每一组的人太多了?

18 我们要注重的第一件事,是: 怎么样增加粮食生产。

19 你们提出来的问题都这么难解决，提几个容易一点儿的好不好?

20 你要他的住址吗? 我可以写给你。

NEW CHARACTERS

LESSON 22

費 12 154.5 貝	航 10 137.4 舟	活 9 85.6 水	支 4 65.0 支
業 13 75.9 木	畢 11 102.6 田	訂 9 149.2 言	司 5 30.2 口
劃 14 18.12 刀	票 11 113.6 示	計 9 149.2 言	或 8 62.4 戈
實 14 40.11 宀	場 12 32.9 土	借 10 9.8 人	空 8 116.3 穴
壞 19 32.16 土	換 12 64.9 手	旅 10 70.6 方	急 9 61.5 心

SIMPLIFIED FORMS

Traditional		Simplified	Strokes / Radical	Traditional		Simplified	Strokes / Radical
訂	:	订	4 149.2 言	費	:	费	9 154.5 貝
計	:	计	4 149.2 言	業	:	业	5 1.4 一
畢	:	毕	6 81.2 比	劃	:	划	6 18.4 刀
場	:	场	6 30.3 土	實	:	实	8 40.5 宀
換	:	换	10 64.7 手	壞	:	坏	7 32.4 土

訂：订　費：费
計：计　業：业
畢：毕　劃：划
場：场　實：实
換：换　壞：坏

VARIANT FORMS

Form		Variant	Strokes / Radical	Variant	Strokes / Radical
場	:	塲	14 32.11 土		
畢	:	畢	11 102.6 田	畢	10 102.5 田

NEW WORDS

計	jì	(calculate)
劃	huà	(draw)
計劃	jìhua, -huà N	plan, proposal 21
做計劃	*zuò jìhua VO	draw up a plan
五年計劃	Wǔnián Jìhuà N	Five Year Plan
計劃	jìhua V	plan, figure out 21
筆劃（兒）	bǐhuà(r) N	stroke (in a written character) 16
實	shí	(real)
實行	shíxíng V	carry out, put into effect 21
費	-fèi BF	fee, expenses 21
學費	xuéfèi N	tuition 21
	--- V	spend, consume 21
費錢	fèi qián VO	use a lot of money, expensive 21
費事	fèi shì VO	use a lot of work, troublesome 21
費時候	fèi shíhou VO	use a lot of time, time-consuming 21
活	*huó V	be alive
他還活着呢。	ta hái huózhe ne。	He is still alive。
	*--- AT	alive, live
活魚	huó yú	live fish
活的	huóde N	alive, live
生活	shēnghuo, -huó N	life 19
	--- V	live 19

生活在	shēnghuozai, -huózai V	live in 19
生活費	shēnghuófèi N	living expenses 19
票	piào N	ticket 21
飛機票	fēijīpiào N	airplane ticket 21
門票	ménpiào N	entrance ticket 21
火車票	huǒchēpiào N	train ticket
借	jiè V	borrow, lend, loan 18
借給	jiègei V	lend to 18
跟 X 借 Y	gēn X jiè Y	borrow Y from X 18
借錢	jiè qián VO	borrow money 18
借走	jièzǒu V	be out (as a book from a library) 18
畢	bì	(complete)
業	yè	(occupation)
畢業	bì yè VO	graduate (from school) 21
訂	dìng V	book, reserve 21
訂飛機票	dìng fēijīpiào VO	make an airline reservation 21
旅	lǚ	(travel)
旅館	lǚguǎn N	hotel 11
旅行	lǚxíng V	travel 21
	--- N	travel, trip 21
旅行社	lǚxíngshè N	travel bureau 21
換	huàn	(exchange, change)
換錢	huàn qián VO	change money 21
換飛機	huàn fēijī VO	change airplanes
支	zhī	(pay out)
支票	zhīpiào N	check 21
開支票	kāi zhīpiào VO	make out a check 21

旅行支票	lǚxíng zhīpiào N	traveler's check 21
或	huò	(some...or other)
或是	huòshi C	or 21
	--- CA	either, whether, or 21
或是 A, 或是 B	huòshi A, huòshi B	either A, or B; whether A or B 21
航	háng	(navigate)
空	kōng	(void)
航空	hángkōng BF	aeronautical, air 21
司	sī	(control)
公司	gōngsī N	company 21
航空公司	hángkōng gōngsī N	airline 21
急	jí	(anxious)
着急	zhāo jí VO	worry 21
	--- SV	worried 21
壞	-huài VS	broken, spoiled 21
弄壞	nònghuài V	break, spoil 21
壞了	huài le IE	broken, out of order, spoiled 9
場	chǎng	(field)
飛機場	fēijīchǎng PW	airport 11
場	-cháng, -chǎng M	period of time 15: spell 19

NEW USES FOR OLD CHARACTERS

來到	*láidao V	come to, arrive at
茶葉	*cháyè N	tea leaf; tea
茶葉公司	cháyè gōngsī N	tea company
有 X 有 Y	*yǒu-X-yǒu-Y LE	having both X and Y; whenever X, Y
有借有還	yǒu-jiè-yǒu-huán LE	return whatever you borrow

READING EXERCISES

PHRASES AND SENTENCES

計劃

五年計劃。增加糧食生產計劃。工作計劃。

實

實行。實行五年計劃。五年計劃已經實行了四年半了。

費

學費。費錢。費事。費時候。

活

生活。生活費。生活費很高。活的。這條魚是活的。一條活魚。他活着的時候。高老師的母親還活着呢。

票

飛機票。火車票。門票。三張票。

借

借書。借錢。借筆。借汽車。

畢業

畢業。畢業以後。畢業以後做甚麼？畢業以後教書。

訂

訂飛機票。飛機票得兩個禮拜以前訂。

旅

旅館。旅行。旅行社。旅行社裏那個賣飛機票的。

換

換衣服。換錢。在銀行裏換錢呢。

支

支票。他開了一張支票給我。那是一張五萬塊錢的支票。

或

或是。或是喝中國茶，或是喝英國茶都行。

航空

航空信。航空信封。

司

航空公司。茶葉公司。

急

着急。着甚麼急？別着急。着急也沒用。

壞

壞了。甚麼壞了？錶壞了。壞了多久了？壞了好幾天了。

場

飛機場。飛機場裏的飛機都飛走了。

LONGER SENTENCES

1 那個計劃做好了以後，他已經把它送到工廠去了。

2 俄國計劃增加糧食生產。第一個五年計劃是：多種。第二個也是：多種。第三個是：多買。第四個還是：多買。

3 俄國這幾個計劃都很好，已經實行了二十年了。

4 老高問：「甚麼事情最費錢，費事，費時候？」老高的兒子說：「念書。」

5 小錢說：「你說在哪兒生活最容易？」我說：「在哪兒生活都不容易。」

6 我們七個人，他就買了六張票，你說怎麼辦？

7 中國有一個俗語說：「有借有還，再借不難。」這種俗語很有意思。有的時候你就說頭一半，不必說後一半。你一說「有借有還」，跟你說話的人就知道你的意思是「再借不難」了。

8 他一九三六年在北京大學畢業以後就到法國去了。

9 你記得他那一年是幾月幾號畢業的嗎？

10 他說他明天要訂飛機票，可是他還差兩百多塊錢。

11 香港的中國旅行社可以給你訂從香港到北京的火車票。

12 他在香港先換了兩千塊錢的加拿大錢。他從加拿大來到美國，纔把那些加拿大錢換成美國錢。

13 他一看那張支票上寫着四萬塊錢，他就一點兒也不生氣了。

14 我們明年或是春天，或是秋天到那兒去，因爲那兒的夏天太熱，冬天太冷。

15 那兩家航空公司的飛機都很多。差不多每天都有飛機飛到香港去。

16 臺灣新開的那一家電影公司的電影你看過沒有？

17 那個船公司就有一條船，每個星期六開到香港去，每個星期天從香港開回來。

18 吃着飯的時候不能着急，有甚麼事吃完了飯再想辦法。

19 這幾個月的天氣都不好，樹上的水果很多都壞了。

20 飛機場上那個最大的飛機可以坐五百多人。

DIALOGS

（一）

Ⓐ 昨天我們決定了一個計劃，以後我們怎麼可以把我們的中文學好。我覺得這個計劃很好。

（Ⓐ把計劃說給Ⓑ聽了以後）

Ⓑ 你們怎麼實行你們的計劃呢？

Ⓐ 我去年夏天在一個工廠做事，他們給了我一千多塊錢。我想在臺灣念半年書，學費跟生活費都不太貴，有一千塊錢就夠了。

Ⓑ 你怎麼去呢？是不是坐飛機去？

Ⓐ 是。飛機票要六七百塊錢。

Ⓑ 你的錢夠嗎？

Ⓐ 不夠。

Ⓑ 那怎麼辦？

Ⓐ 我打算跟銀行借一點兒。

Ⓐ 你甚麼時候還呢？

Ⓑ 我畢業以後還。

（二）

Ⓐ 你訂了旅館了嗎？

Ⓑ 還沒呢。我寫信去訂，不晚吧？

Ⓐ 你明天去訂飛機票的時候請旅行社的人給你訂就行了。

Ⓑ 我得先換點兒錢吧？

Ⓐ 不必。你可以把你的錢都買了旅行支票。到了香港以後，或是在飛機場換，或是到一個銀行去換都可以。

（三）

Ⓐ 你説我們坐哪個航空公司的飛機去呀？

Ⓑ 不是美國航空公司，就是中國航空公司。

Ⓐ 你們是五月走嗎？

Ⓑ 不。我們六月纔走呢。

（四）

Ⓐ 他爲甚麼那麼着急？

Ⓑ 他的汽車壞了。可是他明天早上六點鐘要送他父親到飛機場去。

Ⓐ 你告訴他不必着急。我明天早上可以送他父親到飛機場去

（五）

Ⓐ 你那本歷史找着了嗎？

Ⓑ 找着了。

SENTENCES IN SIMPLIFIED CHARACTERS

计(計)**划**(劃)**实**(實)**费**(費)**毕**(畢)**业**(業)**订**(訂)
换(換)**坏**(壞)**场**(場)

1 那个计划做好了以后，他已经把它送到工厂去了。

2 俄国计划增加粮食生产。第一个五年计划是：多种。第二个也是：多种。第三个是：多买。第四个还是：多买。

3 俄国这几个计划都很好，已经实行了二十年了。

4 老高问：『什么事情最费钱，费事，费时候？』老高的儿子说：『念书』。

5 小钱说：『你说在哪儿生活最容易？』我说：『在哪儿生活都不容易』。

6 我们七个人，他就买了六张票，你说怎么办？

7 中国有一个俗语说：『有借有还，再借不难』。这种俗语很有意思。有的时候你就说头一半，不必说后一半。你一说『有借有还』，跟你说话的人就知道你的意思是『再借不难』了。

8 他一九三六年在北京大学毕业以后就到法国去了。

9 你记得他那一年是几月几号毕业的吗？

10 他说他明天要订飞机票，可是他还差两百多块钱。

11 香港的中国旅行社可以给你订从香港到北京的火车票。

12 他在香港先换了两千块钱的加拿大钱。他从加拿大来到美国才把那些加拿大钱换成美国钱。

13 他一看那张支票上写着四万块钱，他就一点儿也不生气了。

14 我们明年或是春天，或是秋天到那儿去，因为那儿的夏天太热，冬天太冷。

15 那两家航空公司的飞机都很多。差不多每天都有飞机飞到香港去。

16 台湾新开的那一家电影公司的电影你看过没有？

17 那个船公司就有一条船，每个礼拜六开到香港去，每个礼拜天从香港开回来。

18 吃着饭的时候不能着急，有什么事吃完了饭再想办法。

19 这几个月的天气都不好，树上的水果很多都坏了。

20 飞机场上那个最大的飞机，可以坐五百多人。

LESSON 23

W23.1 *The NU-SV-M pattern.* Certain stative verbs, such as *dà* and *xiǎo*, may be inserted between a number and a measure:

一大輛車 yí dà liàng chē a big car

This pattern produces a livelier effect than *yíliàng hěn dàde chē*.

W23.2 The *yì-N$_1$-de N$_2$* pattern (19, see *yī* in the "New words" section). The first noun acts as a temporary measure, and *yī* means "the whole"。

一屋子的紙 yì-wūzi-de zhǐ a roomful of paper

NEW CHARACTERS
LESSON 23

Character	Strokes	Radical No.	Radical
輛	15	159.8	車
瓶	11	98.6	瓦
枝	8	75.4	木
王	4	96.0	玉
錯	16	167.8	金
蛋	11	142.5	虫
炒	8	86.4	火
位	7	9.5	人
舊	18	134.12	臼
棵	12	75.8	木
金	8	167.0	金
李	7	75.3	木
雞	18	172.10	隹
碗	13	112.8	石
便	9	9.7	人
宜	8	40.5	宀
雙	18	172.10	隹
盤	15	108.10	皿
架	9	75.5	木
杯	8	75.4	木

SIMPLIFIED FORMS

Full form		Simplified	Strokes	Radical no.	Radical
盤	:	盘	11	108.6	皿
舊	:	旧	5	2.4	丨
輛	:	辆	11	159.7	車
雞	:	鸡	7	196.2	鳥
錯	:	错	13	167.8	金
雙	:	双	4	29.2	又

盤：盘　舊：旧
輛：辆　雞：鸡
錯：错　雙：双

VARIANT FORMS

Standard		Variant	Strokes	Radical no.	Radical
杯	:	盃	9	108.4	皿
瓶	:	瓶	10	98.6	瓦
	,	甁	13	98.8	瓦
	,	缾	14	121.8	缶
雞	:	鷄	21	196.10	鳥

23.2 <u>An important new radical.</u>

No. 142 虫 "insect": 蛋。

NEW WORDS

舊	jiù SV	old (referring to objects) 4
金	*jīn AT	gold, golden, gold-colored; money
金子	*jīnzi N	gold

金的	*jīnde N	something made of gold
美金	*Měijīn N	American money
舊金山	*Jiùjīnshān PW	San Francisco 22
李	Lǐ BF	Lee (a surname) 5
王	Wáng BF	Wang, Wong (a surname) 5; Your Majesty, king 19
國王	guówáng N	king (of a nation) 19
位	-wèi M	(respected persons) 5
輛	-liàng M	(vehicles) 9
便	biàn	(convenient)
方便	fāngbiàn SV	convenient 11
便	pián	(inexpensive)
宜	yì	(advantage)
便宜	piányi SV	inexpensive 3
雞	jī N	fowl, chicken 20
蛋	dàn N	egg 20
雞蛋	jīdàn N	(chicken) egg 20
炒	chǎo V	stir-fry 20
蛋炒飯	*dànchǎofàn	fried rice (with egg)
炒雞蛋	chǎojīdàn N	stir-fried eggs, scrambled eggs 20
枝	-zhī M	(stick-like things) 5
雙	-shuāng M	pair 14
架	-jià M	(machines) 11
碗	-wǎn M	bowl 7
	*--- N	bowl
杯	-bēi M	cup, glass 7
杯子	*bēizi N	cup, glass
茶杯	*chábēi N	teacup

酒杯	*jiǔbēi N	wine glass
一酒杯的茶	yìjiǔbēide chá	a (whole) wine glass of tea
盤	-pán M	dish, plate, platter, tray 20
盤子，盤兒	pánzi, pár N	dish, plate, platter, tray 20
盤子碗	pánziwǎn N	dishes 20
瓶	-píng M	bottle 7
瓶子	*píngzi N	bottle
酒瓶	*jiǔpíng N	wine bottle
花瓶兒	*huāpiéngr N	vase (for flowers)
棵	-kē M	(trees, plants) 18
錯	cuò	(mistaken)
不錯	búcuò SV	not bad, pretty good 7

READING EXERCISES

PHRASES AND SENTENCES

舊 舊汽車。舊衣服。舊書。

金 金子。美金。五十塊美金。

李 李白。李老師。李先生。李太太。

王 王小姐。王先生。王太太。

位 一位朋友。兩位老師。四位老先生老太太。

輛 幾輛車？三輛車。要買幾輛車？要買五輛車。

便 方便。不方便。很不方便。

宜 便宜。真便宜。真不便宜。

雞 雞肉。雞肉做的。是用雞肉做的。

蛋 雞蛋。吃雞蛋。每天早上吃兩個雞蛋。

炒 炒牛肉。炒豬肉。炒飯。雞蛋炒飯。

枝 這枝筆。這幾枝筆。這幾枝筆都是我去年買的。

架 兩架飛機。兩架從中國飛來的飛機。

雙 一雙手。一雙筷子。

碗 一碗湯。一碗酒。一小碗湯。一大碗酒。

杯 杯子。茶杯。酒杯。一酒杯的茶。一茶杯的酒。

盤 盤子。盤子裏的菜。盤子裏的菜都沒有了。

瓶 瓶子。酒瓶子。酒瓶子裏的酒。酒瓶子裏的酒是不是法國酒？

棵 一棵樹。種一棵樹。種了一棵樹。種了一棵樹了。

錯 不錯。很不錯。那輛車，很不錯。他剛買的那輛車真不錯。

LONGER SENTENCES

1 這是兩年前的一個舊計劃。可是這一次會議的結果，大家都說這個計劃不錯，還是要實行這個計劃。

2 我旅行的時候，喜歡帶旅行支票，不喜歡帶美金。

3 老高說：「這件事情難不難？」老張說：「這件事很容易，你可以試試。」

4 小錢說：「要是我借不着汽車，我就不去了。」老李說：「你再打一個電話試試。」

5 他到了車站，那輛公共汽車剛開走。他站在那兒着急，可是着急有甚麼用？

6 小張說：「我沒學過開車，可是我可以試試。」老高聽他這麼說，就着了急了。

7 他那兩位朋友，一位是研究歷史的，一位是研究文學的。

8 王老師很喜歡小李的那輛新車。

9 老高帶着這幾位朋友進了那個飯館兒，坐下以後，對他們說，「你們各位別客氣。喜歡吃甚麼就叫甚麼。」

10 吃完飯以後，算了算纔五塊多錢。大家都說真是便宜。

11 昨天做的那個雞，孩子們一回來就把它吃完了，我一塊也沒吃着。

12 我上個禮拜買的那十個雞蛋還沒吃完，還有好幾個呢。

13 我出去一會兒就回來。你叫菜吧，別忘了叫一個炒牛肉。

14 她住的那個地方買甚麼都很方便，這些盤子碗都是她昨天給我買的。。

15 「雙手萬能」的意思是：每個人的一雙手，甚麼事情都能辦，甚麼東西都能做。

16 我把兩個杯子給了他跟他的朋友，我手裏拿着這瓶酒說：「我給你們兩個人每人一杯酒，夠了吧！」

17 我家門口有兩棵大樹，每年春天都開花。那些花又紅又大，很好看，可是我就是不知道那種樹是甚麼樹。

18 他送給她一枝花：有花，有葉子，紅紅綠綠的，真是好看。

19 他給他那一位朋友寫了一封信，信上說：「我想這個禮拜天來看你們，不知道方便不方便，要是不方便的話，請你寫信告訴我。」

20 他朋友回他一封信說：「你來吧，我們那天沒有事，哪兒都不去。你早上來吧，我們等你一塊兒吃中飯。」

DIALOGS

（一）

Ⓐ 你們怎麼從美國到香港去呀？

Ⓑ 我們先從紐約坐飛機到舊金山，再從舊金山坐飛機到東京，再從東京坐飛機到香港。

Ⓐ 有人説坐船去很舒服，你們不打算試試嗎？

Ⓑ 我問過了。有一個朋友説他坐過船到香港去，又慢又貴。

Ⓐ 我看你們還是坐飛機去吧。

（二）

Ⓐ 你們到了香港以後住在甚麼地方？

Ⓑ 我跟李國先住旅館。

Ⓒ 我跟王美真住在一個朋友家。

Ⓐ 你們不打算到各處去看看嗎？

Ⓑ 我們都要在香港住三天。有幾個地方我們都想去看看。

Ⓐ 你們有朋友在香港嗎？

Ⓒ 有。我有一位好朋友在香港做事。她有一輛汽車，要是她不太忙，她一定很願意跟我們一塊兒到各處去玩兒玩兒。

（三）

Ⓐ 我們今天晚上到哪兒去吃飯？

Ⓑ 你喜歡吃甚麼菜？

Ⓐ 甚麼菜都可以。

Ⓑ 這兒有一家新開的館子菜很好，也很便宜。他們做的「蛋炒飯」，我最喜歡吃。我知道你喜歡吃雞，他們的雞也做得很好。

Ⓐ 我們就到那兒去吧。

（四）

Ⓐ 你這枝筆貴不貴？
Ⓑ 我不知道多少錢，是一個朋友送給我的。
Ⓐ 我昨天在舖子裏看見一枝筆跟你的一樣。那枝筆賣二十塊錢。
Ⓑ 那麼貴啊！

（五）

Ⓐ 這架飛機是世界上最新的飛機，每一個鐘頭可以飛一千多英里。
Ⓑ 是哪國做的？
Ⓐ 英國。
Ⓑ 法國不是也做這種飛機嗎？
Ⓐ 英國做的跟法國做的不大一樣，可是飛得都那麼快。

（六）

Ⓐ 你要我買甚麼？
Ⓑ 我們有六雙筷子，六個碗，就是沒有杯子跟盤子。
Ⓐ 你要買多少個杯子跟盤子？
Ⓑ 每樣買半打吧。

（七）

Ⓐ 怎麼他還不來呀？
Ⓑ 你看，他來了。
Ⓐ 你看見他手裏拿着些甚麼嗎？
Ⓑ 一隻手拿着一瓶酒，那隻手拿着甚麼，我看不清楚。

SENTENCES IN SIMPLIFIED CHARACTERS

旧(舊)**错**(錯)**辆**(輛)**鸡**(雞)**双**(雙)**盘**(盤)

1 这是两年前的一个旧计划。可是这一次会议的结果，大家都说这个计划不错，还是要实行这个计划。

2 我旅行的时候，喜欢带旅行支票，不喜欢带美金。

3 老高说：『这件事情难不难？』老张说：『这件事很容易，你可以试试』。

4 小钱说，『要是我借不着汽车，我就不去了』。老李说，『你再打一个电话试试』。

5 他到了车站，那辆公共汽车刚开走。他站在那儿着急，可是着急有什么用？

6 小张说，『我没学过开车，可是我可以试试』。老高听他这么说，就着了急了。

7 他那两位朋友，一位是研究历史的，一位是研究文学的。

8 王老师很喜欢小李的那辆新车。

9 老高带着这几位朋友进了那个饭馆儿，坐下以后，对他们说，『你们各位别客气。喜欢吃什么就叫什么』。

10 吃完饭以后，算了算才五块多钱。大家都说真是便宜。

11 昨天做的那个鸡，孩子们一回来就把它吃完了，我一块也没吃着。

12 我上礼拜买的那十个鸡蛋还没吃完，还有好几个呢。

13 我出去一会儿就回来。你叫菜吧，别忘了叫一个炒牛肉。

14 她住的那个地方买什么都很方便，这些盘子碗都是她昨天给我买的。

15 『双手万能』的意思是：每一个人的一双手，什么事情都能办，什么东西都能做。

16 我把两个杯子给了他跟他的朋友，我手里拿着这瓶酒说，『我给你们两个人每人一杯酒，够了吧？』

17 我家门口有两棵大树，每年春天都开花。那些花又红又大，很好看，可是我就是不知道那种树是什么树。

18. 我送给她一枝花：有花，有叶子，红红绿绿的，真是好看。

19 他给他那一位朋友写了一封信，信上说，『我想这个礼拜天来看你们，不知道方便不方便，要是不方便的话，请你写信告诉我』。

20 他朋友回他一封信说，『你来吧，我们那天没事；哪儿都不去。你早上来吧，我们等你一块儿吃中饭』。

LESSON 24

W24.1 Interjections "I" (10.N11). Interjections are exclamatory words that occur alone as sentences. The pitch contour that an interjection carries is properly regarded as a function of intonation rather than syllable tone. The character 啊, used to represent the particle a, is also used to represent the interjection a "ah" introduced in this lesson.

W24.2 *The V de Sentence pattern. Sometimes predicates or even complete sentences occur after de with a resultative meaning. The verb preceding de may be stative or functive.

他喝得不能説話了。	ta hē de bùnéng shuō huà le.	He has drunk to the point where he can no longer speak.
我飽得不能再吃了。	wo bǎo de bùnéng zài chī le.	I'm so full I can't eat anything more.
他生氣得飯都吃不下去了。	ta shēngqì de fàn dōu chībuxià qù le.	He was so mad that he couldn't finish eating.

NEW CHARACTERS

LESSON 24

篇	章	咖	之
15 118.9 竹	11 117.6 立	8 30.5 口	4 4.3 丿
餃	椅	放	包
15 184.6 食	12 75.8 木	8 66.4 攴	5 20.3 勹
澡	跑	查	交
16 85.13 水	12 157.5 足	9 75.5 木	6 8.4 亠
檢	趕	桌	步
17 75.13 木	14 156.7 走	10 75.6 木	7 77.3 止
體	飽	啡	身
23 188.13 骨	14 184.5 食	11 30.8 口	7 158.0 身

SIMPLIFIED FORMS

趕 : 赶 10 156.3 走　　檢 : 检 11 75.7 木

飽 : 饱 8 184.5 食　　體 : 体 7 9.5 人

餃 : 饺 9 184.6 食

趕：赶　　檢：检
飽：饱　　體：体
餃：饺

VARIANT FORM

桌 : 棹 12 75.8 木

NEW WORDS

檢	jiǎn	(inspect)
查	chá	(examine)
檢查	jiǎnchá V	examine 20
身	shēn	(body)
體	tǐ	(limbs)
身體	shēntǐ N	health 20
檢查身體	jiǎnchá shēntǐ VO	have a medical checkup 20
身體好	shēntǐ hǎo N SV	be in good health 20

跑	pǎo V	run, go 16
跑到	pǎodao V	run to, go to 16
步	-bù M	(paces, steps) 19
跑步	pǎo bù VO	jog 21
進步	jìnbù N	progress, improvement 11
有進步	yǒu jìnbù SV	improved 11
澡	zǎo	(bathe)
洗澡	xǐ zǎo VO	take a bath 21
(洗)澡房	(xǐ)zǎofáng N	bathroom
咖	kā	(used in transcriptions)
啡	fēi	(used in transcriptions)
咖啡	kāfēi N	coffee 7
趕	gǎn V	rush to do/make 20
趕出	gǎnchu V	rush to do/make in time (with _lai_) 20
趕上	ganshang V	catch up with 20
篇	-piān M	(essays, articles) 20
篇，篇兒	-piān, -piār M	(leaves in a book, pages) 20
章	zhāng	(section, chapter)
文章	wénzhāng, -zhang N	article, paper, essay 20
交	jiāo V	hand in, hand over 20
交給	jiāogei V	hand in to, hand over to 20
之	zhī	(literary particle)
NU_1分之NU_2	NU_1-fēn/fèn-zhī-NU_2	NU_2 NU_1-ths (in expressing fractions) 20
三分之一	sān-fēn/fèn-zhī-yī	one third
飽	bǎo SV	full, satisfied (from eating) 20
	--- VS	

我吃飽了。	wǒ chībǎo le.	I've had enough to eat.
餃	jiǎo	(meat dumpling)
餃子	jiǎozi N	meat dumpling 20
包	*bāo V	(wrap)
包子	*bāozi N	stuffed steamed bread
(豬)肉包子 肉包兒	*(zhū)ròubāozi, ròubāor N	steamed bread stuffed with (pork) meat
菜包兒	*càibāor N	steamed bread stuffed with cabbage
糖包兒	*tángbāor N	steamed bread stuffed with sugar
椅	yǐ	(chair)
椅子	yǐzi N	chair 4
放	fàng V	put, place 17
放在	fàngzai V	put at 17
放進	fàngjin V	put in (with lai and qu) 17
棹	zhuō	(table)
桌子	zhuōzi N	table 4

NEW USES FOR OLD CHARACTERS

可	kě *A	indeed, certainly 22
可知道了。	*kě zhīdao le IE	now know (that it is otherwise)
啊	a *I	ah
甚麼事?	shémma shì? *IE	What's the matter? / What happened?
没事了。	méi shì (le). *IE	Nothing's wrong. / And everything will be all right.

吧	ba P	*(sentence particle, indicates that what the sentence denotes will probably happen)
他不會來吧。	ta búhuì lái ba.	He probably won't come.
愛	ài AV	*be always
她真愛着急。	ta zhēn ài zhāojí.	She (really) always gets worried.
把	-bǎ M	(things with handles, chairs) 4
拿開	*nákai V	take away
打開	*dǎkai V	open
出產	*chūchǎn V	produce 22
	--- N	product, production 22

READING EXERCISES

PHRASES AND SENTENCES

檢查身體跑步澡咖啡趕篇章

檢查。檢查過兩次。已經檢查過兩次了。

身體。身體很好。他父親身體很好。他母親身體也很好。

跑上來。跑下去。跑進來。跑出去。跑得很快。

跑了十幾步。跑了幾十步。跑了好幾十步。

洗澡。洗澡房。澡房。在澡房裏洗澡。在澡房裏洗澡呢。

咖啡。一杯咖啡。一天喝幾杯咖啡？一天喝四五杯咖啡。

趕得出來趕不出來？明天趕不出來，後天可以趕得出來。

兩篇。兩三篇。一個月得寫兩三篇。

文章。兩三篇文章。一個月得寫兩三篇文章。

交之飽餃包椅放桌

交給他。交給他甚麼？交給他一條活魚。

四分之三。五分之四。九分之一。

吃得飽。吃不飽。吃飽了。没吃飽。

餃子。吃餃子。吃兩打餃子。吃了兩打餃子了。

包子。豬肉包子。糖包兒。肉包兒。

椅子。舊椅子。那把舊椅子。那把舊椅子一千五百塊錢。

放在甚麼地方？放在甚麼地方都行。放在書裏行不行？放在書裏不行。

桌子。桌子上的東西都是她昨天買的。

LONGER SENTENCES

1 有幾頭牛有病，所以他請了一位醫生來給它們檢查檢查。

2 那位醫生檢查了兩次，可是還是檢查不出來那是一種甚麼病。

3 這兩年他的身體比以前好多了。他父母都很高興。

4 一個人的身體最要緊。沒有好的身體甚麼事都做不了。

5 那三個孩子帶着他們那隻狗剛跑進來又跑出去了。

6 他現在每天早上七點鐘以前跑五十分鐘的步。

7 跑完了步，洗個澡，纔吃早飯。

8 他的早飯是兩個雞蛋，一杯咖啡。每天都是一樣。

9 醫生告訴他，「你最好少喝一點兒咖啡。」

10 下禮拜就開會了。我一定得把這個計劃趕出來。

11 他寫的這一篇報告，差不多有六千字。

12 我以前覺得寫文章很容易，現在我可知道了。

13 你沒問他那篇文章甚麼時候交嗎？

14 世界上百分之幾的糧食是美國出產的？

15 要是世界上每一個人每天都能吃得飽飽的，那多麼好啊！

16 我吃了二十個餃子，就飽得不能再吃了。

17 吃包子容易飽，還是吃餃子容易飽？

18 椅子上那件衣服是乾淨的。

19 那張飛機票你放在哪兒了？我找了半天還找不着。

20 啊，我想起來了。我把它放在桌子上的那一本書裏。

DIALOGS

（一）

Ⓐ 我好幾天没看見老李了。
Ⓑ 他進了醫院了。
Ⓐ 甚麼事？不要緊吧？
Ⓑ 没事。他每年都檢查一次身體。今年醫生説要給他好好地檢查檢查，所以他住在醫院裏。後天他就可以出院了。

（二）

Ⓐ 我一提起考試來就着急。我一着急就睡不着覺。有些字我記得清清楚楚的，可是一到考試的時候，我就怎麼想也想不起來。
Ⓑ 你這個人愛着急。你别那麼着急就行了。你到外邊兒去跑跑步，回來洗個澡，休息一會兒再念書。不是下禮拜纔考試嗎？你這幾天好好兒地預備預備，到時候一定忘不了。

（三）

Ⓐ 還有咖啡嗎？
Ⓑ 没有了。
Ⓐ 我出去買去。今天晚上我得趕一篇文章。
Ⓑ 甚麼時候交？
Ⓐ 明天。
Ⓑ 一個晚上趕得出來嗎？
Ⓐ 我已經寫好了四分之三了，就差最後的幾篇兒。

（四）

Ⓐ 我們再叫一個菜吧？
Ⓑ 再叫一個甚麼菜？
Ⓐ 炒雞蛋好不好？
Ⓑ 炒雞蛋也是吃不飽的。

Ⓐ你喜歡吃餃子。我們叫一打餃子，四個包子，你說怎麼樣？

Ⓑ那好極了。

（五）

李：請進來。

（王美真開開門，站在門口兒）

李：啊！王美真，我沒想到是你！

（李漢秋站起來走到一把椅子那兒把椅子上的杯子拿開說）：請坐，請坐。

王：美生叫我把這本書還給你

（王美真想把書放在桌子上，可是桌子上有杯子、盤子、瓶子……，還有好幾本打開了的書。王美真不知道應當把書放在甚麼地方纔好。）

李：交給我吧。謝謝你。你坐一會兒，喝杯咖啡，好不好？

王：我現在就要去找錢老師問他幾個問題，你不是一會兒也到圖書舘來嗎？

李：是。我一會兒就來。

王：我們在圖書舘見吧。

SENTENCES IN SIMPLIFIED CHARACTERS

检(檢)**体**(體)**赶**(趕)**饱**(飽)**饺**(餃)

1 有几头牛有病，所以他请了一位医生来给它们检查检查。

2 那位医生检查了两次，可是还是检查不出来那是一种什么病?

3 这两年他的身体比以前好多了。他父母都很高兴。

4 一个人身体最要紧。没有好的身体什么事都做不了。

5 那三个孩子带着他们那只狗刚跑进来又跑出去了。

6 他现在每天早上七点钟以前跑五十分钟的步。

7 跑完了步，洗个澡，才吃早饭。

8 他的早饭是两个鸡蛋，一杯咖啡。每天都是一样。

9 医生告诉他，『你最好少喝一点儿咖啡』。

10 下礼拜就开会了。我一定得把这个计划赶出来。

11 他写的这一篇报告，差不多有六千字。

12 我以前觉得写文章很容易；现在我可知道了。

13 你没问他那篇文章什么时候交吗?

14 世界上百分之几的粮食是美国出产的?

15 要是世界上每一个人每天都能吃得饱饱的，那多么好啊!

16 我吃了二十个饺子就饱得不能再吃了。

17 吃包子容易饱，还是吃饺子容易饱?

18 椅子上那件衣服是干净的。

19 那张飞机票你放在哪儿了? 我找了半天还找不着。

20 啊，我想起来了。我把它放在桌子上的那本书里。

LESSON 25

NEW CHARACTERS

答	特	兵	力
12 118.6 竹	10 93.6 牛	7 12.5 八	2 19.0 力
運	假	始	內
13 162.9 辵	11 9.9 人	8 38.5 女	4 11.2 入
盡	粱	孟	心
14 108.9 皿	11 75.7 木	8 39.5 子	4 61.0 心
器	惠	爭	仗
16 30.13 口	12 61.8 心	8 87.4 爪	5 9.1 人
戰	替	盼	丟
16 62.12 戈	12 73.8 日	9 109.4 目	6 1.5 一

SIMPLIFIED FORMS

爭 : 争 6 18.4 刀　盡 : 尽 6 15.4 冫

運 : 运 7 162.4 辵　戰 : 战 9 62.5 戈

爭：争　盡：尽

運：运　戰：战

VARIANT FORM

內 : 内 4 11.2 入

NEW WORDS

梁	Liáng BF	(name of a state during the Warring States period) 19; *Liang, Leong (a surname)
梁國	Liángguó PW	the state of Liang 19
惠	huī	(kindness)
梁惠王	Liáng Huīwáng N	King Hui of Liang 19
孟	Mèng BF	Meng (a surname) 19
孟子	Mèngzǐ N	Mencius, the Mencius 19
心	xīn N	*heart, mind 23
心裏想	xīnli xiǎng PW V	think that
用心	yòng xīn VO	put one's heart into 23
	--- SV	conscientious 23
放心	fàng xīn VO	put one's heart at rest 23

	--- SV	at rest, not worried 23
點心	diǎnxin, -xīn N	snack, light refreshment 10
力	lì	(strength)
能力	néngli, -lì N	ability 21
盡	jìn	(exhaust, use up)
盡力(地)	*jìnlì(de) A	exert all one's effort to
我們應當盡力幫助他。	wǒmen yīngdāng jìnlì bāngzhu ta.	We ought to do all we can to help him.
我一定盡力地學習。	wo yídìng jìnlìde xuéxí.	I'll certainly do my best to study.
盡心盡力	jìn-xīn-jìn-lì IE	exert all one's mind and strength 19
內	nèi	(inside)
河內	Hénèi PW	Within the (Yellow) River 19
國內	*guónèi AT	within the nation, internal
國內的事情	guónèide shìqing	matters within the nation, internal affairs
運	yùn V	ship, transport, convey 17
運到	yùndao V	ship to, transport to, convey to 17
答	dá	(reply)
回答	huídá V	answer 15
戰	zhàn	(battle)
內戰	*nèizhàn N	civil war
戰國	*Zhànguó BF	Warring States
戰國時候	*Zhànguó shíhou TW	the time of the Warring States (B.C. 403-221)
爭	zhànzhēng N	(struggle)
戰爭		

始	shǐ	(begin)
開始	kāishǐ V	begin, start 19
	--- AV	begin to, start to 19
仗	zhàng BF	battle 19
打仗	dǎ zhàng VO	fight (a war, a battle) 19
兵	bīng N	soldier, troops 19
丢	diū V	lose, misplace 19
丢下	diūxia V	throw down, drop 19
丢在	*diūzai V	drop on
器	qì	(implement)
兵器	bīngqì N	weapon 19
盼	pàn	(hope)
盼望	pànwang, -wàng V	wish, hope, long for 19
假	jià N	vacation; leave of absence 18
放假	fàng jià VO	have a vacation 18
請假	qǐng jià VO	ask for a leave of absence, ask for some days off 18
春假	chūnjià TW	spring vacation 19
特	tè	(special)
特别	tèbié SV	odd, uncommon 11
	--- A	especially 18
替	tì CV	in place of, for 16

NEW USES FOR OLD CHARACTERS

啊，呀	a P	(vocative particle, indicating intimate or confidential manner) 19
河東	Hédōng PW	East of the (Yellow) River 19

READING EXERCISES

PHRASES AND SENTENCES

梁 她姓梁。梁太太。梁同學。

惠 梁國的國王叫梁惠王。

孟 孟子跟梁惠王。孟子這個人。孟子這本書。

心 放心。不放心。

力 能力。看書的能力。做事的能力。

盡 盡力。盡心盡力。

內 河內。國內。國內的事情。

運 運糧食。運東西。把東西運到香港去。

答 回答。回答不出來。怎麼能回答不出來呢？

戰 內戰。

爭 戰爭跟和平。

始 開始戰爭。開始學習。開始學習中文。

仗 打仗。打了三年的仗。打了三年的仗了。

兵 街上有很多兵。那些兵有些是英國兵，有些是法國兵。

丟 丟下書就跑出去了。把書丟在桌子上就走出去了。

器 兵器。最新的兵器。這是美國最新的兵器。

盼 盼望。他天天在盼望着他父母來看他。

假 放假。放了幾天假？放了三天假。

特 特別快。特別慢。特別便宜。這個很特別。

替 替她做飯，替她買菜，替她洗衣服，替她教書。

LONGER SENTENCES

1 梁惠王是中國甚麼時候的人，你知道嗎？

2 我就知道他是一個王，可是我不知道他是中國甚麼時候的一個王。

3 我是在孟子那本書裏看見「梁惠王」這三個字，纔知道有這麼一個王叫梁惠王。

4 梁惠王說他自己盡心盡力給人民做事。我想，每一個王都是這麼說的。

5 我們應當盡心盡力把這件事做好。

6 關於這件工作，我有這個能力，我也很願意做。

7 從前有一個地方叫河內，那是梁國的一個地方。

8 用火車運，用汽車運都可以。

9 昨天的考試裏，五個問題我就回答了三個。

10 孟子是戰國時候的人，梁惠王也是戰國時候的人。

11 大家都知道戰爭有甚麼樣的結果，可是世界上還是有戰爭。

12 那一次內戰是哪一年開始的？你記得嗎？

13 大家都說我們不再打仗了，可是不久他們又把他們說過的話都忘了。

14 飛機場裏那些兵，都是剛從紐約飛來的。

15 他一聽見有人叫他，就把筷子丟下跑出去玩兒去了。

16 那個工廠每年都做很多兵器。這一種是今年做的。

17 她父母都盼望着她好好兒念書，明年可以畢業。

18 學校放假，銀行也放假，可是醫院不放假。

19 我說這一課書特別容易，他說這一課特別難。

20 他說他今天有事，所以請王老師替他上課。

LONGER PASSAGE

梁惠王對孟子說，「我對國家真是可以說盡心盡力了。河內的人那年天氣不好，糧食生產得不夠，我把河內的人送到河東去，把河東的糧食運到河內去。要是河東的糧食生產得不夠，那麼我就把河東的人送到河內，把河內的糧食運到河東。我看別的國家，没有一個國家能像梁國這麼替人民打算，可是怎麼那些國家的人不減少，我們這個國家的人不增加呢？」

孟子回答說，「王啊，你喜歡戰爭，那麼我拿戰爭來做個比方吧。一開始打仗，有些兵就丟下兵器往後跑。有的跑了一百步停下來，有的跑了五十步停下來，那些跑了五十步的笑那些跑了一百步的說，「你們怎麼那麼没用啊！」王啊，你說他們這麼說行不行？」

梁惠王說，「不行。就是他們没跑一百步那麼遠，他們不還是跑了嗎？」

孟子說，「王，要是你知道我這幾句話的意思，那麼你就不會老盼望着你的人民增加，別的國家的人民減少了。」

DIALOGS

（一）

Ⓐ 放春假的時候，你到哪兒去玩兒去了？

Ⓑ 哪兒也沒去。

Ⓐ 上個月你不是老盼望着放假嗎？

Ⓑ 是啊。要是不放假我哪兒有工夫寫文章呢？我那篇文章寫了兩個禮拜，今天早上纔交給王老師。

（二）

Ⓐ 兵有甚麼用？

Ⓑ 平常的時候兵沒有用。

Ⓐ 甚麼時候有用？

Ⓑ 打仗的時候有用。（對Ⓒ說）你這個孩子問的問題都很特別，我沒法子回答他，你回答他吧。

Ⓒ 你不必回答他這個問題。你回答了這個問題，他一定還有別的問題。

SENTENCES IN SIMPLIFIED CHARACTERS

尽(盡)**运**(運)**战**(戰)**争**(爭)

1 梁惠王是中国什么时候的人，你知道吗？

2 我就知道他是一个王，可是我不知道他是中国什么时候的一个王。

3 我是在孟子那本书里看见『梁惠王』这三个字，才知道有这么一个王叫梁惠王。

4 梁惠王说他自己尽心尽力给人民做事。我想每一个王都是这么说的。

5 我们应当尽心尽力把这件事做好。

6 关于这件工作，我有这个能力，我也很愿意做。

7 从前有一个地方叫河内，那是梁国的一个地方。

8 用火车运，用汽车运都可以。

9 昨天的考试里，五个问题我就回答了三个。

10 孟子是战国时候的人，梁惠王也是战国时候的人。

11 大家都知道战争有什么样的结果，可是世界上还是有战争。

12 那一次内战是哪一年开始的？你记得吗？

13 大家都说我们不再打仗了，可是不久他们又把他们说过的话都忘了。

14 飞机场里那些兵，都是刚从纽约飞来的。

15 他一听见有人叫他，就把筷子丢下跑出去玩儿去了。

16 那个工厂每年都做很多兵器。这一种是今年做的。

17 她父母都盼望着她好好儿念书，明年可以毕业。

18 学校放假，银行也放假，可是医院不放假。

19 我说这一课书特别容易，他说这一课书特别难。

20 他说他今天有事，所以请王老师替他上课。

LESSON 26

W26.1 Expressing distances with the co-verb lí "from" (22.1). There are two main patterns. First X lí Y (A) yuǎn/jìn "X is (A) far from / near Y":

這兒離那兒很近。	zhèr lí nèr, hěn jìn.	(Here is very near to there:) It's very near from here to there.
學校離火車站真遠。	xuéxiào, lí huǒchēzhàn, zhēn yuǎn.	The school is really far from the railroad station.

Second: X lí Y (yǒu) NU-M) (yuǎn) "X is NU-M (away) from B":

這兒離那兒(有)三里(遠)。	zhèr, lí nèr, (yǒu) sānlǐ (yuǎn).	It's three miles from here to there.
學校離火車站有多少里?	xuéxiào, lí huǒchēzhàn, you duōshaolǐ?	How many miles is it from the school to the railroad station?
就有半里遠。	jiù yǒu bànlǐ yuǎn.	It's only a half mile away.

These patterns also occur in clauses and in comparisons:

離這兒不遠的一所房子。	lí zhèr, bùyuǎn de yìsuǒ fángzi	a house not far from here
離這兒就有半里遠的一所房子。	lí zhèr, jiù yǒu bànlǐ yuǎn de yìsuǒ fángzi	a house only half a mile from here

我家離學校比張家離學校遠半里。	wǒ jiā, **lí xuéxiào**, bǐ Zhāngjia **lí xuéxiào**, yuǎn bànlǐ.	My house is half a mile farther from the school than the Chang's house is.

*26.2 A manner pattern with lí "from". The co-verb lí "from" behaves like a regular functive verb in that it participates in a manner pattern. This participation is limited, however, to expressions with yuǎn "far" and jìn "near" as the main word in the manner comment.

我家跟他家離得很近。	wǒ jiā, gēn tā jiā, líde hěn jìn.	My home is quite close to his.
因為她家離得太遠，所以他不常來看我們。	yīnwei tā jiā líde tài yuǎn, suóyi ta bùcháng lái kàn women.	Her house is too far away, so she doesn't come to visit us often.

NEW CHARACTERS
LESSON 26

農	唱	洋	市
13 161.6 辰	11 30.8 口	9 85.6 水	5 50.2 巾
歌	景	風	池
14 76.10 欠	12 72.8 日	9 182.0 風	6 85.3 水
燈	游	島	夜
16 86.12 火	12 85.9 水	10 46.7 山	8 36.5 夕
總	湖	旁	怕
17 120.11 糸	12 85.9 水	10 70.6 方	8 61.5 心
離	搞	租	泳
19 172.11 隹	13 64.10 手	10 115.5 禾	8 85.5 水

SIMPLIFIED FORMS

風 : 风	4 26.2 几	燈 : 灯	6 86.2 火
島 : 岛	7 46.4 山	總 : 总	9 61.5 心
農 : 农	6 14.4 冖	離 : 离	11 8.7 亠

風：风　燈：灯
島：岛　總：总
農：农　離：离

NEW WORDS

洋	*yáng BF	ocean
大西洋	Dàxīyáng PW	Atlantic Ocean
太平洋	Tàipíngyáng PW	Pacific Ocean
游	yóu	(ramble)
泳	yǒng	(swim)
游泳	yóuyǒng VO	swim 19
池	*chí	(pool)
游泳池	yóuyǒngchí N	swimming pool
湖	hú *N	lake
湖南	Húnán PW	Hunan (Province) 22
湖北	*Húběi PW	Hupeh (Province)
西湖	*Xī Hú PW	West Lake
島	dǎo N	island 22
長島	*Cháng Dǎo PW	Long Island
風	fēng N	the wind 19

景	jǐng	(scenery)
風景	fēngjǐng N	scenery 22
離	lí CV	from, to 22
離開	líkai V	leave 22
租	zū V	rent 22
租出	zūchu V	rent out (with qu) 22
出租	chūzū V	be for rent 22
租給	zūgei V	rent to 22
房租	fángzū N	the rent 22
怕	pà V	be afraid that, have a chronic dislike or fear of, mind, dislike 18
旁	páng	(side)
旁邊，邊兒	pángbiān, -biār PW	area nearby, next to 10
燈	dēng N	lamp, light 22
開燈	*kāi dēng VO	light a lamp, turn on a light
關燈	*guān dēng VO	put out a lamp, turn off a light
電燈	diàndēng N	electric light 22
手電燈	shǒudiàndēng N	flashlight 22
夜	-yè M	night
一夜	yíyè A	an entire night 19
半夜	bànyè NU-M	half the night, midnight 19
夜裏	yèli TW	nighttime, during the night 19
夜景	yèjǐng N	view at night 22
唱	chàng V	sing 12
歌(兒)	gē(r) N	song 12
唱歌(兒)	chàng gē(r) VO	sing 12
國歌	*guógē N	national anthem

市	shì N	city, municipality 21
廣州市	Guǎngzhōu Shì PW	Canton (Municipality) 21
臺北市	Táiběi Shì PW	Taipei (Municipality) 21
紐約市	*Niǔyuē Shì PW	New York City
總	zǒng A	always 19
總是	zǒngshi A	always 19
農	nóng	(farm)
農場	nóngchǎng N	farm 9
農業	*nóngyè N	agriculture, farming industry 24
農民	*nóngmín N	farmer, peasant
搞	gǎo V	concern oneself with; do (used like <u>nòng</u>) 21
搞好	gǎohǎo V	fix 21
搞壞	gǎohuài V	break 21
搞清楚	gǎoqīngchu V	make clear 21

NEW USES FOR OLD CHARACTERS

時報	Shíbào BF	Times (in names of newspapers) 22
紐約時報	Niǔyuē Shíbào N	<u>The New York Times</u> 22
香港時報	Xiānggǎng Shíbào N	<u>Hong Kong Times</u> 22
日報	Rìbào BF	Daily (in names of newspapers) 22
人民日報	Rénmín Rìbào N	<u>People's Daily</u>, <u>Jen Min Jih Pao</u> 22
工人日報	Gōngrén Rìbào N	<u>Daily Worker</u> (United Kingdom) 22
	--- N	daily newspaper 22
晚報	wǎnbào N	evening newspaper 22
畫報	huàbào N	pictorial; picture magazine 22
分別，別	fēnbié, -bie N	difference 22
有分別	yǒu fēnbié, -bie VO	there is a difference 22

出產	chūchǎn V	produce 22
	--- N	product, production 22
工業	gōngyè N	industry 22
手工	shǒugōng N	handicraft 22
手工業	shǒugōngyè N	handicraft industry 22
做工	zuò gōng VO	to work (at manual labor) 22
學	-xué BF	branch of learning 22
文學	wénxué N	literature 22
家	-jiā BF	specialist, practitioner 22
文學家	wénxuéjiā N	writer (of works of literature) 22
歷史家	lìshǐjiā N	historian 22
方	-fāng BF	part, territory 22
東方	dōngfāng PW	the east 22
南方	nánfāng PW	the south 22
西方	xīfāng PW	the west 22
北方	běifāng PW	the north 22
館子	guǎnzi N	restaurant 22
前邊，一邊兒	qiánbian, -biar PW	front 12; first 22
後邊，一邊兒	hòubian, -biar PW	back 12; last 22
不大	búdà A	not very 22
然後	ránhòu MA	afterwards, consequently 22
好看	hǎokàn SV	good-looking 3; worth seeing, interesting 22
急	jí SV	anxious, hurried 22
急着要	jízhe yào A V	anxious to have, anxious to 22
客	kè BF	guest 22
請客	qǐng kè VO	give a party, pay for a party 22
賣到	màidao V	sell to 22
打聽	dǎting V	inquire 22

多到	duō dào V	so numerous that 22
黑	hēi SV	*dark
怕黑	pà hēi VO	be afraid of the dark
黑海	*Hēi Hǎi PW	Black Sea
紅海	*Hóng Hǎi PW	Red Sea
地中海	*Dìzhōng Hǎi PW	Mediterranean Sea
州	*-zhōu M	state (in the U.S.); administrative region
一州	yìzhōu NU M	a state, a <u>chou</u>
紐約州	Niǔyuēzhōu PW	New York State
支加哥	Zhījiāgē PW	Chicago

READING EXERCISES

PHRASES AND SENTENCES

洋
大西洋。太平洋

游泳
游泳。天天游泳。他天天在海邊兒游泳。

池
游泳池。一個很大的游泳池。

湖
西湖。湖南。湖北。湖裏有兩條小船。

島
大島。小島。長島。

風
風很大。昨天有風，今天沒有風。

景
風景真好。風景很好看。

離
新港離紐約有多遠？

租
租房子。租汽車。租打字機。

怕
怕甚麼？不怕甚麼。甚麼都不怕。他甚麼都不怕。

旁
旁邊。旁邊那個人。旁邊那個人是誰？她旁邊那個人是誰？

燈
燈壞了。電燈壞了。樓上的電燈壞了。

夜
夜裏。昨天夜裏電燈壞了。昨天半夜裏電燈壞了。

唱
他唱甚麼呢？誰知道他唱甚麼。

歌
日本歌。俄國歌。美國歌。國歌。唱國歌。唱美國國歌。

市
廣州市。臺北市。北京市。紐約市。上海市。

總
總是起不來。每天早上總是起不來。

農
農人。農業。農產生產。

搞
搞壞了。別搞壞了。搞清楚。沒搞清楚。

LONGER SENTENCES

1 太平洋比大西洋大，對不對？

2 他很會游泳，可是他這兩年不常游泳。

3 他說游泳不難學，可是我學了三個月了還沒學會。

4 在游泳池裏游泳跟在海裏游泳不一樣。

5 在湖裏游泳跟在海裏游泳也不一樣。

6 臺灣是一個很大的島，島上有高山，也有大湖。

7 山上那個湖的風景好看極了，特別是夜裏。

8 每年夏天到山上去看風景的人特別多。

9 這個島離那個島有多麼遠，你知道不知道？

10 船可以租，飛機也可以租，火車也可以租嗎？

11 不怕買不着，就怕沒錢買。

12 他總是那麼盡心盡力地工作。

13 北京市的人口沒有上海市的那麼多。

14 那個島的風景甚麼時候都那麼好看。所以到那兒去玩的人特別多。

15 島旁邊有一條小船，船上像是有兩個人。因為離**得**很遠，所以看不清楚。

16 島上的燈在夜裏看得特別清楚，特別是那個樓裏的燈。

17 夜裏看海，甚麼都看不見，有的時候，看見一條船經過，心裏就說不出來多麼高興。

18 島上沒有甚麼人，所以他不怕別人聽着他唱。他自己喜歡唱的歌，他都可以唱。

19 他會唱的歌兒一天比一天多了，他心裏很高興。

20 農人的生活跟工人的生活很不一樣。

21 要是我們要解決世界糧食問題，我們一定要搞農業生產。

LONGER PASSAGES

（一）

王先生每年夏天都在大西洋海邊租一所房子住。今年他聽說離海邊不遠的那一個島，島上有一所房子出租，他高興極了。他請他的朋友李先生跟他到島上去住。李先生說，「那個島離海邊兒遠不遠啊？」王先生說，「不遠，二十分鐘就可以從那兒到海邊兒。」李先生說，「常有船到海邊兒來嗎？」王先生說，「島上就有一條船，不常到海邊兒來。」李先生說，「那條船大不大？」王先生說，「那條船不大，就能坐四個人。」李先生說，「我想我還是住在海邊兒吧。」王先生說，「你怕甚麼？」李先生說，「我怕水。」王先生說，「你不是會游泳嗎？」李先生說，「我會在游泳池裏游泳，我沒說我能在海裏游泳。」王先生說，「游泳池裏的水跟海裏

的水不是一樣的嗎？」李先生説，「我想不一樣，我還是住在海邊
，你到島上去住吧！」

（二）

美國國內有很多大湖，在北方的幾個湖最大。世界上有名的大
城支加哥就在北方的一個大湖的旁邊。在紐約州有一個湖，因為湖
裏有一千多個小島，所以那個地方就叫千島。那兒的風景很好，每
年夏天的時候，都有不少的人到那兒去玩兒。

（三）

學校開學了，小張跟小高同屋。晚上睡覺的時候，小高不關燈
。小張説，「把燈關上吧！」小高説，「我怕黑。」小張没説甚麼
。過了一會兒，小高睡着了，小張把燈關了。
第二天早上，小張看見小高起來以後，問他説，「昨天夜裏我
看見你睡着了，我就把燈關了，你一點兒都不覺得怕，是不是？」
小高説，「是，我一點兒都不覺得怕。」小張説，「好吧，我們今
天晚上睡覺以前把燈關了吧，好不好？」小高想了一想，説，「好
。」

（四）

Ⓐ聽説你很會唱歌，唱個歌兒我們聽聽吧！

Ⓑ唱個甚麼歌？英國歌，法國歌，俄國歌，我都會唱。

Ⓐ中國歌你會唱不會？

Ⓑ中國歌我也會唱。

Ⓐ那麼你給我們唱個中國歌兒吧！

（五）

有幾個農人要把幾頭牛送到廣州市去。他們不知道是坐船送去好呢還是坐火車送去好。他們討論了好幾次，還是不知道怎麼辦。他們平常有甚麼解決不了的事情總是去問學校裏的一個老師。這位老師問他們要把牛送到廣州市甚麼地方去。這幾個農人告訴他，他們要去的那個地方，可是他們都説得不大清楚。老師把地圖拿出來看了看，把那個地方搞清楚了以後就對他們説，「你們要去的那個地方離河很近，我看你們還是坐船去吧！」

SENTENCES IN SIMPLIFIED CHARACTERS

岛(島)**风**(風)**离**(離)**灯**(燈)**总**(總)**农**(農)

1 太平洋比大西洋大，对不对?

2 他很会游泳，可是他这两年不常游泳。

3 他说游泳不难学，可是我学了三个月了还没学会。

4 在游泳池里游泳跟在海里游泳不一样。

5 在湖里游泳跟在海里游泳也不一样。

6 台湾是一个很大的岛，岛上有高山，也有大湖。

7 山上那个湖的风景好看极了，特别是夜里。

8 每年夏天到山上去看风景的人特别多。

9 这个岛离那个岛有多么远，你知道不知道?

10 船可以租，飞机也可以租，火车也可以租吗?

11 不怕买不着，就怕没钱买。

12 他总是那么尽心尽力地工作。

13 北京市的人口没有上海市的那么多。

14 那个岛的风景一年四季都那么好看，所以到那儿去玩的人特别多。

15 岛旁边有一条小船，船上象是有两个人。因为离得很远，所以看不清楚。

16 岛上的灯在夜里看得特别清楚，特别是那个楼里的灯。

17 夜里看海，什么都看不见；有的时候，看见一条船经过，心里就说不出来多么高兴。

18 岛上没有什么人，所以他不怕别人听着他唱。他自己喜欢唱的歌儿，他都可以唱。

19 他会唱的歌儿一天比一天多了，他心里很高兴。

20 农人的生活跟工人的生活很不一样。

21 要是我们要解决世界粮食问题，我们一定要搞农业生产。

LESSON 27

NEW CHARACTERS

Character	Strokes	Index	Radical
黃	12	201.0	黃
許	11	149.4	言
非	8	175.0	非
只	5	30.2	口
福	14	113.9	示
部	11	163.8	邑
洲	9	85.6	水
份	6	9.4	人
價	15	9.13	人
雪	11	173.3	雨
省	9	109.4	目
低	7	9.5	人
歐	15	76.11	欠
量	12	166.5	里
值	10	9.8	人
亞	8	7.6	二
簡	18	118.12	竹
間	12	169.4	門
理	11	96.7	玉
直	8	109.3	目

VARIANT FORMS

份 : 分	4 18.2 刀	值 : 値	10 9.8 人
直 : 直	8 109.3 目	黃 : 黄, 黄	12 201.0 ; 11 201.0

SIMPLIFIED FORMS

份 : 分	4 18.2 刀	黃 : 黄	11 140.8 艸
亞 : 亚	6 7.4 二	價 : 价	6 9.4 人
許 : 许	6 149.4 言	歐 : 欧	8 76.4 欠
間 : 间	7 169.4 門	簡 : 简	13 118.7 竹

份：分　黃：黄　許：许　歐：欧
亞：亚　價：价　間：间　簡：简

NEW WORDS

間	-jiān M	(rooms) 11 (10)
時間	shíjiān N	time; free time 18
簡	jiǎn	(simple)
簡體字	jiǎntǐzì N	simplified characters 16
直	zhí	(straight)
簡直的	jiǎnzhí(de) A	simply, just 21
一直	yìzhí A	directly, straight on; at all continuously, straight 22

值	zhí SV	worth (it), worthwhile 22
值錢	zhí qián VO	worth (money) 22
	---SV	worth (a lot of) money 22
值得	zhíde AV	worth 22
許	xǔ	(permit)
也許	yěxǔ MA	maybe, perhaps, probably 19
價	jià	(value)
價錢	jiàqian N	price 22
低	dī *SV	low (price, position, etc.)
減低	jiǎndī V	decrease, become low 21
雪	xuě N	snow 14
下雪	xià xuě VO	to snow 14
雪人(兒)	xuěrén, -rér N	snowman 19
黃	huáng BF	Huang 5; yellow 9
黃河	Huáng Hé N	Yellow River 5
黃的	huángde N	(something) yellow/brown
黃海	*Huáng Hǎi N	Yellow Sea
亞	yǎ	(second)
東南亞	Dōngnán-yǎ PW	Southeast Asia 22
洲	zhōu	(continent)
亞洲	Yǎzhōu PW	Asia 11
美洲	Měizhōu PW	America 11
歐	Ōu BF	Ou, Au (surname)
歐洲	Ōuzhōu PW	Europe 11
非	fēi	(not be)
非洲	Fēizhōu PW	Africa 11
非常(的)	fēicháng(de) A	extraordinarily, extremely 17

只	*zhǐ A	only
只是	zhǐshi AV	only (and no other)
只有	zhǐ yǒu AV	there only is
部	bù	(section)
份(兒)	-fèn, -fèr M	issue, number copy (of a newspaper or magazine) 8
部份	-bùfen M	portion, part, section 16
省	shěng BF	province 21
廣東省	Guǎngdōng Shěng PW	Kwangtung Province 21
湖南省	Húnán Shěng PW	Hunan Province 22
臺灣省	Táiwān Shěng PW	Taiwan Province 21
理	lǐ	(principles)
地理	dìlǐ N	geography 18
地理學	*dìlǐxué N	(study of) geography
地理學家	*dìlǐxuéjiā N	geographer
道理	dàoli N	teaching, doctrine, point, message 19
有道理	yǒu dàoli SV	logical, reasonable 19
福	fú N	good luck 22
福氣	fúqi N	good luck 22
有福氣	yǒu fúqi SV	lucky 22
量	liáng V	measure 19
量	liàng BF	quantity 19
酒量	jiǔliàng N	capacity for drinking wine 19
雨量	yǔliàng N	rainfall 19

Some written conventions

廿	èrshí, niàn	twenty

卅	sānshi, sā	thirty

The second readings are literary: they are sometimes used in reading texts but are not spoken in the standard language. They correspond to contracted forms spoken in non-standard dialects.

○	líng	zero

This form is used when numbers are given digit by digit:

四○○九	sī-líng-líng-jiǔ	four oh oh nine

New uses for old characters

種	-zhǒng M	*race
白種	báizhǒng N	white race, Caucasian race
黃種	huángzhǒng N	yellow race, Mongolian race
黑種	hēizhǒng N	black race, Negro race
紅種	hóngzhǒng N	red race, American Indians
人種	rénzhǒng N	human race
三大人種	sān-dà-rén-zhǒng LE	(all) three races (of mankind)
打魚	*dǎ yú VO	to fish
打魚的	dǎyúde N	fisherman
最近	*zuìjìn MA	recently
繼續不停地	*jìxùbùtíngde A	unceasingly
(中華)民國 NU-年	*(Zhōnghuá) Mínguó NU-nián	the NUth year of the Republic (of China) (a way of identifying years used by the ROC, the first full year of which corresponds to 1912; add 11

		to get the corresponding year of the Western calendar)
中華民國六十六年	Zhōnghuá Mínguó liùshi-liù nián	1977
前 LE	-qián	before (equivalent to 以前 yǐqián at the end of a time clause)

READING EXERCISES

PHRASES AND SENTENCES

間
時間。時間過的很快。時間太長。時間不夠長。一間屋子。這一間屋子。

簡
簡體字。寫簡體字。

直
簡直。簡直不懂。簡直不知道怎麼辦。
一直。一直走。一直沒學過俄文。一直睡到八點。

值
值錢。值多少錢？值錢不值錢？很值錢。

許
也許。也許他在樓上。也許他不高興。也許他聽錯了。也許他已經睡着了。

價
價錢。價錢太高。沒問價錢。問了價錢了。

低
價錢很低。把價錢減低。把價錢減低一點兒行不行？

雪
下雪。下了一天的雪。昨天下雨沒下雪。昨天下雪沒下雨。

黃
黃河。中國有一個大山叫黃山。那件黃的衣服是她的。

亞洲
亞洲。亞洲的國家。亞洲的幾個國家。亞洲人的生活。歐洲。在歐洲旅行。在歐洲旅行很方便。

非
非洲。非洲的糧食常常不夠。

只
只有。只有一個工廠。只有一個飛機場。只有一家航空公司。我只是一個學生。

部份
部份。一部份。一部份是學校的，一部份是醫院的。

省
廣東省。湖南省。臺灣省。

理
地理。地理學。地理學家。道理。有道理。沒有道理。

福
福氣。有福氣。她說他很有福氣。

量 量一量。没量呢。酒量。雨量。廣東省的雨量。

廿 廿二日。二月廿二日。第廿一課。第廿九課。

卅 卅年。中華民國卅七年。

〇 一九〇〇年。六〇三七〇。六〇一四五。

LONGER PASSAGES (A)

1 做這篇文章最少要三個禮拜的時間。

2 他說他這幾天忙極了，簡直没有時間看報。

3 他一直忙了三天，還没把那篇文章寫完。

4 她把值錢的東西都放在銀行裏了。

5 他也許很願意幫助你解決這個問題。

6 價錢貴不貴不要緊，能買得着我就很高興了。

7 那架飛機不知道為甚麼飛得那麼低？

8 昨天從早上到晚上繼續不停地下了一天的雪。

9 這本中國地理書上說，在中國東邊有一個大海叫黃海。

10 亞洲從一九七三年到現在没有戰爭。

11 這些樹是剛從亞洲運到美國來的。

12 歐洲、亞洲、非洲的歷史都很長，美洲的沒有那麼長。

13 最近非洲有一個國家又打起仗來了。

14 那個醫院只有他們兩個人知道這個計劃。

15 這張支票裏的錢，有一部份是我的學費。

16 我們學校有一部份剛畢業的學生在那家工廠工作。

17 廣州話只是廣東話裏的一種，可是很多人弄不清楚，都把廣州話叫廣東話。

18 舊金山的中國人，一大部份是從廣東省來的。

19 那間屋子的門上有幾個字，寫着「第廿七號」。

20 卅年前在美國的中國人叫紐約紐約省，現在差不多都不叫紐約省叫紐約州了。

(B)

（一）

時間過得真快，上個禮拜那麼冷，還下過一次雪，今天的天氣簡直跟春天一樣，也許春天已經來了吧。島上的樹一天比一天綠了，花也就要開了。島上的人已經開始在外邊工作。我昨天早上看見有些人已經在那兒種菜，出去打魚的人也多了，每一條船回來的時候都帶回來不少的魚。我想天氣不會再冷了吧。

（二）

Ⓐ 你看了這張畫的價錢了沒有？

Ⓑ 我看了。

Ⓐ 這張畫這麼貴，我們買得起嗎？

Ⓑ 這張畫是貴，可是很值得買。十年二十年以後，這張畫一定很值錢。你這麼喜歡這張畫，我們還是買了它吧。

Ⓐ你想他這張畫的價錢，能不能減低一點兒？
Ⓑ你想請他減多少？
Ⓐ減五百，怎麼樣？
Ⓑ減五百也許太多了一點兒，我去問問試試。

（三）

世界上有三大人種：黃種，白種，黑種。在亞洲黃種人最多，在歐洲白種人最多，在非洲黑種人最多。從前有些書上說也有紅種人，可是紅種人只是黃種人的一部份。

（四）

因為香港離廣州很近，很多人都是從廣州或是廣東省去的，所以百分之九十的人都說廣州話。他們說的廣州話跟廣州人說的廣州話，只有一點兒小分別。

（五）

Ⓐ這本書一共有多少課？
Ⓑ一共有卌二課。
Ⓐ他們已經念到第幾課了？
Ⓑ他們昨天剛念完第廿一課，今天念第廿二課。

（六）

地理學家說，廣東省的人很有福氣，因為廣東省的雨量不太多也不太少。要是糧食生產搞得好，糧食問題一定可以解決。

SENTENCES IN SIMPLIFIED CHARACTERS

间(間)**简**(簡)**许**(許)**价**(價)**亚**(亞)**欧**(歐)**分**(分)**广**(廣)

1 做这篇文章最少要三个礼拜的时间。

2 他说他这几天忙极了，简直没有时间看报。

3 他一直忙了三天，还没把那篇文章写完。

4 她把值钱的东西都放在银行里了。

5 他也许很愿意帮助你解决这个问题。

6 价钱贵不贵不要紧，能买得着我就很高兴了。

7 那架飞机不知道为什么飞得那么低？

8 昨天从早上到晚上继续不停地下了一天的雪。

9 这本中国地理书上说，在中国东边有一个大海叫黄海。

10 亚洲从一九七三年到现在没有战争。

11 这些树是刚从亚洲运到美国来的。

12 欧洲、亚洲、非洲的历史都很长，美洲的没有那么长。

13 最近非洲有一个国家又打起仗来了。

14 那个医院只有他们两个人知道这个计划。

15 这张支票里的钱，有一部分是我的学费。

16 我们学校有一部分刚毕业的学生在那家工厂工作。

17 广州话只是广东话里的一种，可是很多人弄不清楚，都把广州话叫广东话。

18 旧金山的中国人，一大部分是从广东省来的。

19 那间屋子的门上有几个字，写着『第廿七号』。

20 卅年前在美国的中国人叫纽约纽约省，现在差不多都不叫纽约省叫纽约州了。

LESSON 28

NEW CHARACTERS

澤 16 85.23 水	誌 14 149.7 言	發 12 105.7 癶	片 4 91.0 片
隨 16 170.13 阜	需 14 173.6 雨	越 12 156.5 走	但 7 9.5 人
濟 17 85.14 水	鞋 15 177.6 革	歲 13 77.9 止	更 7 73.3 曰
雜 18 172.10 隹	養 15 184.6 食	照 13 86.9 火	受 8 29.6 又
響 22 180.13 音	據 16 64.13 手	達 13 162.9 辵	形 9 59.6 彡

VARIANT FORMS

形 : 形	7 59.4 彡	片 : 片	5 91.0 片
響 : 響	22 180.14 音		

SIMPLIFIED FORMS

形 : 形	7 59.4 彡	據 : 据	11 64.8 手
發 : 发	5 29.3 又	澤 : 泽	9 85.6 水
歲 : 岁	6 46.3 山	隨 : 随	12 170.9 阜
達 : 达	6 162.3 辵	濟 : 济	9 85.6 水
誌 : 志	7 61.3 心	雜 : 杂	6 75.2 木
養 : 养	9 123.3 羊	響 : 响	9 30.6 口

形：形　據：据　達：达　濟：济
發：发　澤：泽　誌：志　雜：杂
歲：岁　隨：随　養：养　響：响

NEW WORDS

雜	zá	(miscellaneous)
誌	zhì	(record)
雜誌	zázhì N	magazine 22
受	shòu V	receive, take: endure 22
受不了	shòubuliǎo V	cannot be endured, unbearable 22

響	xiǎng	(echo)
影響	yǐngxiǎng N	influence, effect 22
有影響	yǒu yǐngxiǎng VO	have an effect on 22
受影響	shòu yǐngxiǎng VO	be affected 22
	--- V	to influence, affect 22
片,片兒	-piàn, -piàr M	(tablet, slice) 19
像片(兒)	xiàngpiān, -piār,	photograph 9
片,片兒	*-piàn, -piàr N	
照	zhào V	take (a photograph) 22
照像	zhào xiàng VO	take photographs 22
澤	*zé	(enrich)
毛澤東	Máo Zédōng N	Mao Tse-tung
歲	-suì M	(years of age) 15
x(萬)萬歲!	*X (wàn)wànsuì! IE	Long live X!
鞋	xié N	shoe 22
需	xū	(need)
需要	xūyào V	need 22
	--- AV	need to 22
	--- N	need, needs, necessity 22
隨	suí	(follow)
隨便	suí biàn VO	do as one likes 22
	--- A	as one likes, at one's convenience 22
隨時	suíshí A	anytime 22
更	gèng A	still/even more 19
形	xíng	(shape)
情形	qíngxing N	situation, condition, circumstances 19

越	yuè A	increasingly 22
越 V_1, 越 V_2	yuè V_1, yuè V_2	the more V_1, the more V_2
越說越快	yuè shuō, yuè kuài.	The more you speak, the faster you get.
越來越 V	yuè lái, yuè V	getting more and more V
越來越快	yuè lái, yuè kuài	getting faster and faster
養	yǎng *V	raise (children, animals, flowers, etc.) 24
養活	yǎnghuo V	support, provide with the necessities of life 22
據	jù	(according to)
據說	jùshuō IE	it is said that 22
發	fā	(send out)
達	dá	(attain)
發達	fādá SV	well developed 22
達到	dádào V	arrive at, attain 21
但	*dàn BF	but, only
但是	dànshi CA	but
濟	jì	(aid)
經濟	jīngji AT	economic 22
	--- SV	economical 22
經濟學	jīngjìxué N	economics 22
經濟學家	jīngjìxuéjiā N	economics 22

NEW USES FOR OLD CHARACTERS

醫藥	*yīyào N	doctors and medicine
金魚	*jīnyú N	goldfish

READING EXERCISES

PHRASES AND SENTENCES

雜誌

雜誌。電影雜誌。醫藥雜誌。糧食雜誌。

形

情形。打仗的情形。戰爭的情形。那一次戰爭的情形。

越

越來越容易。越來越慢。越來越快。越聽越聽不懂。

養

養雞。養牛。養馬。養猪。養魚。養金魚。養狗。

據

據說。據說那篇文章很不容易懂。

發達

發達。工業發達。工業發達的國家。

但

但是。但是太貴。但是太没意思。

濟

經濟。經濟的情形。美國這幾年經濟的情形。

受

受旅行社的錢。受航空公司的錢。

響

影響。影響很大。受很大的影響。

片

像片。像片兒。一片藥。這種藥一天只能吃一片。

照

照像。照了好幾張像。照了好幾張像片。照了好幾張像片兒。

澤

毛澤東。

歲

十歲。十四歲。四十四歲。

鞋

一隻鞋。一雙鞋。一雙新鞋。一雙舊鞋。

需

需要。需要甚麼？需要買甚麼？不需要買甚麼。

隨

隨便。隨你便。隨時。隨時可以買。隨時借。隨時討論。

更

更好。更貴。更值錢。

LONGER SENTENCES

1 那本雜誌裏有一篇文章是研究漢朝人穿的衣服的。
2 這本雜誌裏的文章不是關於兵器的，就是關於戰爭的。
3 我父親給我寫了一封信，告訴我他在俄國旅行的情形。
4 飛機越來越多，坐火車的人越來越少了。
5 在美國養活五個孩子不容易，在中國養活五個孩子更不容易。
6 據說非洲那一個小國又打起仗來了。
7 英國的工業比美國的工業發達得早，可是現在沒有美國的工業那麼發達。
8 工業發達的國家也常有不容易解決的問題。
9 他說他有一個很好的計劃，但是他忘了帶來了。
10 法國的經濟情形跟英國差不多一樣。
11 王老師受了他五十塊錢，那是他跟王老師學中文的學費。
12 日本的經濟也受了很大的影響。
13 那個人把一片藥給了他，跟他說，「你吃了這個藥就要睡一個很長的覺，三天以後纔醒。」
14 他很會照像。他給我照的像片兒，我沒有一張不喜歡的。
15 我在一個畫報上看見過一張毛澤東游泳的像片。毛澤東很會游泳。
16 世界和平萬歲，萬歲，萬萬歲！
17 那個地方的人需要糧食，也需要醫藥。

18 李老師對他的學生說，「要是你們不懂，可以隨時來問我。」

19 他對中文比從前更有興趣了。

20 那個人民公社有一萬人左右。

LONGER PASSAGES

（一）

Ⓐ 上禮拜我在一本雜誌上看了一篇文章，是說香港的情形的。據說那兒的人口越來越多，生活很不容易。

Ⓑ 香港有甚麼出產可以養活那麼多人呢？

Ⓐ 香港的手工業很發達。出產的東西很多賣到東南亞的國家去。但是這幾年各處的經濟情形都不很好，所以香港的買賣很受影響。

Ⓑ 前兩個月有一個畫報上有好幾張香港的像片兒，風景真好看。你們幾個人幾個月以後就可以到那兒去了，多麼好啊。你們照幾張像片寄回來給我們看看，好不好？

Ⓐ 我不大會照像。我哥哥照得很好，我可以請他給我們照幾張寄回來給你們看看。

（二）

Ⓐ 這張是毛澤東先生的像片兒嗎？

Ⓑ 是。

A 怎麼看着不像他呢？

B 那張像片是他二十多歲的時候照的。

A 那張有點兒像，那張是不是也是他的像片兒？

B 是，那張是他四十歲左右照的。

A 有他小時候的像片没有？

B 我想一定有，可是我還没看見過。

（三）

他那雙鞋已經不能穿了。他的母親叫他去買一雙。他説，「這雙鞋我穿着很舒服，為甚麼要買新的呢？」他母親説，「要是你自己不去買，我去替你買一雙去。」他説，「那不行，别的東西你可以替我買；鞋，你不能替我買。」他母親説，「好，隨你便吧！你喜歡甚麼時候去買就甚麼時候去買吧！」

（四）

A 東西越來越貴，你現在不買車，過幾個月就更貴了。

B 也許過幾個月會便宜一點兒；我看，我還是過幾個月再買吧。

（五）

上海市因為人口多，糧食很重要，所以今年夏天開了兩次會，討論怎麼可以增加糧食生產。大家都知道這個問題要是没有農民來幫助他們計劃，一定很難解決。

SENTENCES IN SIMPLIFIED CHARACTERS

杂(雜)**志**(誌)**养**(養)**据**(據)**发**(發)**达**(達)**济**(濟)**响**(響)**泽**(澤)**岁**(歲)**随**(隨)

1 那本杂志里有一篇文章是研究汉朝人穿的衣服的。

2 这本杂志里的文章不是关于兵器的，就是关于战争的。

3 我父亲给我写了一封信，告诉我他在俄国旅行的情形。

4 飞机越来越多，坐火车的人越来越少了。

5 在美国养活五个孩子不容易，在中国养活五个孩子更不容易。

6 据说非洲那一个小国又打起仗来了。

7 英国的工业比美国的工业发达得早，可是现在没有美国的工业那么发达。

8 工业发达的国家也常有不容易解决的问题。

9 他说他有一个很好的计划，但是他忘了带来了。

10 法国的经济情形跟英国的差不多一样。

11 王老师受了他五十块钱，那是他跟王老师学中文的学费。

12 日本的经济也受了很大的影响。

13 那个人把一片药给了他，跟他说，『你吃了这个药就要睡一个很长的觉，三天以后才醒。』

14 他很会照象。他给我照的象片儿，我没有一张不喜欢的。

15 我在一个画报上看见过一张毛泽东游泳的象片。毛泽东很会游泳。

16 世界和平万岁，万岁，万万岁!

17 那个地方的人需要粮食，也需要医药。

18 李老师对他的学生说，『要是你们不懂，可以随时来问我。』

19 他对中文比从前更有兴趣了。

20 那个人民公社有一万人左右。

LESSON 29

NEW CHARACTERS

適	15	163.11	辵
通	11	163.7	辵
室	9	40.5	宀
介	4	9.2	人
静	16	174.12	青
漲	14	85.11	水
馬	10	187.0	馬
立	5	117.0	立
識	19	149.12	言
認	14	149.11	言
您	11	61.7	心
向	6	30.3	口
驗	23	187.13	馬
際	14	170.11	阜
惦	11	61.7	心
合	6	30.3	口
讓	24	149.17	言
談	15	149.8	言
紹	11	120.5	糸
安	6	40.3	宀

SIMPLIFIED FORMS

Full	Simplified	Strokes	Radical no.	Radical
馬	马	3	187.0	馬
紹	绍	8	120.5	糸
通	通	10	167.3	辵
漲	涨	10	85.10	水
認	认	4	149.2	言
際	际	8	170.5	阜
談	谈	10	149.8	言
適	适	9	163.6	辵
靜	静	14	174.6	青
識	识	7	149.5	言
驗	验	10	187.7	馬
讓	让	5	149.3	言

绍(紹)静(靜)通(通)际(際)涨(漲)适(適)约(約)验(驗)谈(談)
认(認)识(識)让(讓)

29.1 <u>An important new radical.</u>

No. 187 馬 "horse": 馬，驗。

NEW WORDS

介	jiè	(intermediary)
紹	shào	(continue)
介紹	jièshào V	introduce 8
介紹信	jièshàoxìn N	letter of introduction 23
室	shì, shǐ	(room)
會客室	huìkèshì N	reception/sitting room 23
辦公室	bàngōngshì N	office 23
課室	*kèshì N	classroom
會議室	*huìyìshì N	conference room

惦	diàn	(feel concern for)
惦記	diànji V	have on one's mind, think of 23
安	ān	(peace)
長安	Cháng-ān PW	Changan 16
西安	Xīān PW	Sian 16
安定	āndìng SV	stable 23
静	jìng	(quiet)
安静	ānjing, jìng SV	quiet, peaceful 23
通	tōng	(get through)
交通	jiāotōng N	going from place to place, getting around; transportation 11
交通很方便。	jiāotōng hěn fāngbiàn.	It's easy to get around.
際	jì	(mutual relations)
國際	guójì BF	international 23
漲	zhǎng V	rise (of a price) 23
合	hé	(bring together)
適	shì	(fit)
合適	héshì SV	be the right size, fit; suitable, fitting 23
您	nín N	you (singular, polite) 2
向	xiàng V	to face 23
向(着)	xiàng(zhe) CV	toward, to 23
驗	yàn	(test)
經驗	jīngyan, -yàn N	experience 23
有經驗	yǒu jīngyan SV	experienced 23
	--- V	to experience 23
談	tán V	chat, discuss 12

談話	*tán huà VO	(have a) talk, chat
認	rèn	(distinguish)
認得	*rènde V	recognize, be acquainted with, know
識	shí	(know)
知識	zhīshi N	knowledge 23
認識	rènshi V	recognize, be acquainted with, know 8
認識路	*rènshi lù VO	know the way
讓	ràng V	let, cause 23
讓我來	ràng wǒ lái. IE	let me do it. 23
立	lì	(stand)
立刻	lìkè A	immediately 17
馬	mǎ N	horse 9
馬車	mǎchē N	horse and carriage 11
馬上	mǎshàng A	immediately 23

NEW USES FOR OLD CHARACTERS

門房兒	ménfángr N	watchman, doorman, gatekeeper 23
長	-zhǎng BF	head, chief 23
校長	xiàozhǎng N	headmaster, principal, chancellor, president (of a university) 23
船長	chuánzhǎng N	captain 23
片子	piànzi N	(calling) card
名片(兒)	míngpiàn, -piàr N	calling card
甚麼的	shemmade BF	and so forth

湯跟菜甚麼的	tāng gen cài shemmade	soup, dishes, and so forth
約	yuē V	arrange a get-together for; invite 23
約會	yuēhui, -huì N	engagement 23
訂約會	dìng yuēhui, -huì VO	make a date 23
飯店	fàndiàn N	restaurant (10); hotel 23
夫	-fū BF	man (who performs a manual service) 23
車夫	chēfū	driver 23
過去	guòqù TW	past 23
年底	niándǐ TW	end of the year 23
學期	xuéqī, -qí N	term, semester 23
上(個)學期	shàng(ge)xuéqī, -qí TW	last term/semester 23
下(個)學期	xià(ge)xuéqī, -qí TW	next term/semester 23
學年	xuénián N	school year 23
上(個)學年	shàng(ge)xuénián TW	last school year 23
下(個)學年	xià(ge)xuénián TW	next school year 23
時期	shíqi N	period of time 23
風俗	fēngsu N	custom 23
小時候(兒)	xiǎoshíhou(r) TW	childhood 23
清	Qīng BF	(name of a dynasty) 23
清朝	Qīng Cháo TW	the Ch'ing/Manchu Dynasty (1644-1911) 23
明清	Míng Qīng BF	of the Ming and Ch'ing Dynasties 23
明清文學	Míng Qīng wénxué N	literature of the Ming and Ch'ing 23

書	shū BF	write, writing, calligraphy 23
書畫	shūhuà N	calligraphy and painting 23
車子	chēzi N	car 23
這	zhè N	now 23
成語	chéngyǔ N	saying, maxim 23
學業	xuéyè N	studies 23
路上	lùshang PW	on the journey 23
念	niàn V	read, study 10; recite 21; be in (a school or college year) 23
不過	búguò C	but 23
道(兒)	dào(r) N	road, way 23
一道(兒)	yídào(r) A	during the whole trip 23
好	hǎo A	very, quite 19; the better to, in order to 23
從來	cónglái MA	customarily (in the past) 23
趕緊	gǎnjǐn A	right away 23
十分	shífēn A	completely 23
NU-來	NU-lái CA	in the NU place 23
空	kōng SV	empty, vacant 23
找錢	zhǎo qián VO	get change 23
請	qǐng V	invite 3; invite along (with <u>lai</u> and <u>qu</u>) 23
請教	qǐngjiào V	ask (your) advice (polite) 23
拜望	bàiwàng V	pay a formal visit to (someone senior) 23
多	duō V	have more: have too much 23
生長	shēngzhǎng V	grow 23
生長在	shēngzhǎngzai V	be born and brought up in 23

說不(一)定	shuōbu(yi)dìng V	may, can't say for sure 23
做	zuò V	do 7; function as, be 23
來往	láiwǎng V	travel; commute 23
得	dé V	get, obtain; be ready 23
得經驗	dé jīngyàn VO	gain experience
得	-dé, -de VS	ready 23
洗得了	xǐdé le V	ready (from being washed)
不得不	bùdé bu- A	cannot but, must 23
送行	sòng xíng VO	see off 23
不送了	búsòng le. IE	Goodbye (said by the person staying behind to the person leaving). 23
別送,別送	bié sòng, bié sòng. IE	Goodbye (said by the person leaving to the person staying behind). 23
請回	qǐng huí. IE	--- 23

READING EXERCISES

PHRASES AND SENTENCES

介紹

介紹。請你給我們介紹介紹。我來給你們兩位介紹介紹。介紹信。

室

會客室。會議室。課室。

惦

惦記。惦記着。父母老惦記着自己的孩子。

安靜

安靜。那個地方很安靜。夜裏很安靜。圖書館裏很安靜。

通

交通。交通不方便。交通真不方便。

際

國際。國際糧食會議。國際交通會議。國際銀行。

漲

漲了。價錢又漲了。汽車又漲了。飛機票又漲了。

合適

合適。這件衣服很合適。這所房子很合適。這雙鞋穿着很合適。

您

您現在有工夫嗎？我想跟您說兩句話。

向

我向他父親說，「您早！」他父親向我說，「早」

驗

經驗。他開車很有經驗。他開飛機也很有經驗。

談

談國際的情形。談國內的情形。談工廠裏的情形。談公社裏的情形。

認

認得。我認得他，他是我弟弟的老師。

識

認識。我認識他，他姓黃。認識路。不認識路。

讓

讓他做吧。讓他唱吧。讓他預備吧。

立

立刻。他立刻就來。他立刻就找着了。

馬

黑馬。白馬。畫兒上的那些馬。馬車。馬車上的那些人。馬上。

LONGER SENTENCES

1 這是王圖南先生給我寫的介紹信。

2 我不認識張校長，你可以不可以介紹我去見見他？

3 張校長跟幾位老師在會議室裏開會呢。

4 他這幾天總惦記着畢了業以後做甚麼？

5 今年夏天他想找一個安静的地方休息休息。

6 他說那個島的風景非常好，也很安静。

7 我没租那個房子，因為離學校太遠，交通不方便。

8 他在國際航空公司做事，已經做了五年了。

9 房租又漲了。每個月漲三十塊。

10 這個燈放在桌子上不合適，他想換一個。

11 這個信封兒不合適，我想要一個大一點兒的。

12 我希望我能約他們兩位立刻到紐約來解决這個問題。

13 您要是不幫助我們解决這個問題，誰能幫助我們解决呢？

14 有幾個學生向校長說，「考試越少越好。」校長說，「有幾位老師也這麽說，但是我覺得考試多也很好。」

15 我想他這個人很合適，他對這個工作有興趣也有經驗。

16 世界上這麽多問題，你說我們應當先談哪一個？

17 我從前認識他，可是我剛纔看見他的時候，我不認得他了。

18 我看你不必給我們介紹了，我們已經認識二十多年了。

19 他做得那麼有興趣，讓他繼續做吧。

20 我們把這個問題解決了，就立刻討論那個事情。

21 這個事情得馬上解決，要不然就很難解決了。

LONGER PASSAGES (A)

（一）

門房兒：你找誰？

梁漢生：我找錢校長。

門：你有片子沒有？

梁：我沒有名片。我有一封介紹信。

（梁把介紹信拿出來交給門房兒）

門：請你等一會兒。我進去看看錢校長在不在。

（過了一會兒）

門：請到會客室坐一坐。錢校長就出來。

（二）

錢校長：我昨天收到你老師的信，問我見着了你沒有。你看，我心裏正惦記着你，你就來了。

梁：我是上禮拜到的，可是因為找房子，到處跑了幾天，昨天纔找着了一個地方。

錢：那個地方好吧。

梁：地方很乾淨，也很安靜，還有，交通也很方便，就是貴一點兒。

錢：今年情形跟前幾年不太一樣。國際情形還是那麼不安定，經濟上也受了很大的影響。我們這兒有些東西價錢漲了不少，可是房租不會漲得太多吧。

梁：我住的地方不算太貴。找房子很不容易。最要緊是找着合適的。我很喜歡我這個地方，就是貴一點兒也很值得。

錢：我想約王老師的幾位老朋友跟你在一塊兒吃中飯，他們都說要見見你。你不是還有一位同學跟你一道兒來的嗎？請你也把他請來。這個禮拜五中午怎麼樣？

梁：對不起，我禮拜五中午有個約會。

錢：那麼禮拜天中午吧。

梁：好。在甚麼地方？請您告訴我。

錢：中華路第一飯店。

梁：到時候我一定來向各位請教。

錢：王老師的信說，你要來學中文。王老師的幾位老朋友對教中文都很有經驗。我們禮拜天吃中飯的時候，好好兒地談談這件事好不好？

梁：那好極了。再見。再見。

錢：我不送了。再見。再見。

（三）

錢：你們住的地方都找好了嗎？

梁：我的找好了。國新的還沒有。他這兩天正在找呢。

錢：（對張國新說）我認識一位高先生。他有一間屋子出租，也許你可以去看看。

張：我甚麼時候去最方便啊？

錢：讓我立刻去打一個電話給你問問去。

（過了一會兒）

錢：高先生說他明天在家，你最好明天早上先給他打一個電話，然後再去。

張：好極了，就那麼辦。

梁：謝謝您。我們到了美國，一定給您寫信，報告我們路上的情形好讓您放心。再見。再見。

(B)

昨天會議的結果是：那個地方缺少的東西，我們都立刻給他們送去。可是今天剛來到的那個地方的代表提出一個問題來。他說，他們那個地方的河，冬天的時候水不夠深，船到不了那兒。後來大家討論了一會兒，決定走山上那條小路，立刻先把藥送去，明天再送糧食，後天再送衣服。

SENTENCES IN SIMPLIFIED CHARACTERS

绍(紹)**静**(靜)**通**(通)**际**(際)**涨**(漲)**适**(適)**约**(約)**验**(驗)**谈**(談)**认**(認)**识**(識)**让**(讓)

1 这是王图南先生给我写的介绍信。

2 我不认识张校长，你可以不可以介绍我去见见他!

3 张校长跟几位老师在会议室里开会呢。

4 他这几天总掂记着毕了业以后做什么?

5 今年夏天他想找一个安静的地方休息休息。

6 他说那个岛的风景非常好，也很安静。

7 我没租那个房子，因为离学校太远，交通不方便。

8 他在国际航空公司做事，已经做了五年了。

9 房租又涨了。每个月涨三十块。

10 这个灯放在桌子上不合适，他想换一个。

11 这个信封儿不合适，我想要一个大一点儿的。

12 我希望我能约他们两位立刻到纽约来解决这个问题。

13 您要是不帮助我们解决这个问题，谁能帮助我们解决呢?

14 有几个学生向校长说，『考试越少越好。』校长说，『有几位老师也这么说，但是我觉得考试多也很好。』

15 我想他这个人很合适；他对这个工作有兴趣也有经验。

16 世界上这么多问题，你说我们应当先谈哪一个？

17 我从前认识他，可是我刚才看见他的时候，我不认得他了。

18 我看你不必给我们介绍了，我们已经认识二十多年了。

19 他做得那么有兴趣，让他继续做吧。

20 我们这个问题解决了，就立刻讨论那个事情。

21 这个事情得马上解决，要不然就很难解决了。

LESSON 30

NEW CHARACTERS

德 15 60.12 彳	班 10 96.6 玉	版 8 91.4 片	及 4 29.2 又
潭 15 85.12 水	祝 10 113.4 示	表 8 145.3 衣	代 5 9.3 人
臨 17 131.11 臣	缺 10 121.4 缶	待 9 60.6 彳	古 5 30.2 口
覽 21 147.15 見	深 11 85.8 水	唐 10 30.7 口	局 7 44.4 尸
讀 22 149.15 言	順 12 181.3 頁	展 10 44.7 尸	卷 8 26.6 卩

VARIANT FORMS

卷 : 卷 9 26.6 卩 唐 : 唐 10 30.7 口

SIMPLIFIED FORMS

順 : 顺 9 181.3 頁 覽 : 览 9 147.5 見

臨 : 临 9 2.8 丨 讀 : 读 10 149.8 言

卷：卷 唐：唐
順：顺 覽：览
臨：临 讀：读

NEW WORDS

待	dài CV	treat, to 23
展	zhǎn BF	open out 23
發展	fāzhǎn V	develop 23
	--- N	development 23
覽	lǎn	(inspect)
展覽	zhǎnlǎn V	to exhibit 23
	--- N	exhibit 23
古	gǔ BF	ancient (times) 23
古時候(兒)	*gǔshíhou(r) TW	ancient times
代	dài BF	replace; age, time, period; dynasty 23
古代	gǔdài BF	of ancient times 23
古代漢語	gǔdài Hànyǔ N	Archaic/Classical Chinese 23
朝代	cháodài N	dynasty 23
明代	Míng Dài TW	the Ming Dynasty 23
漢代	Hàn Dài TW	the Han Dynasty 23

清代	Qīng Dài TW	the Ch'ing/Manchu Dynasty 23
近代	*jìndài BF	of recent times
現代	*xiàndài BF	of the present time
表	biǎo	(exterior)
代表	dàibiǎo V	represent 22
	--- N	representative 22
唐	Táng BF	(name of a dynasty) 21
唐朝	Táng Cháo TW	T'ang Dynasty (618-906) 21
唐代	Táng Dài TW	--- 23
順	shùn	(follow)
順便	shùnbiàn A	on the way, while there 23
順風	*shùnfēng LE	have a favorable wind
一路順風	yí-lù-shùn-fēng LE	have favorable winds the whole journey, have a smooth trip
版	bǎn BF	section (of a newspaper) 22
旅行版	lǚxíngbǎn N	travel section 22
電影版	diànyǐngbǎn N	film section 22
版	-bǎn M	section (of a newspaper); edition 22
第二版	dìèrbǎn	the second section; the second edition
出版	chūbǎn V	publish 23
潭	tán N	deep pool 21
日月潭	Rìyuè Tán PW	Sun Moon Lake 23
班	-bān M	class, section (of a class of students) 15; scheduled trip (of a bus, train, etc.) 18
	--- BF	shift (of work) 14; troupe, class, school, program 23

唱歌班	chànggēbān N	singing troupe, glee club 23
上班	shàng bān VO	go to work 14
下班	xià bān VO	get off work 14
局	-jú BF	bureau, office, station 23
電話局	diànhuàjú N	telephone bureau 23
公路局	gōnglùjú N	inter-city bus bureau 23
臨	lín	(approach)
臨時	línshí A	on the spur of the moment 23
及	jí	(arrive)
來得及	láidejí V	can make it, can get there on time 18
來不及	láibují V	can't make it, can't get there on time 18
德	dé	(virtue)
德國	Déguo PW	Germany 5
東德	*Dōng Dé PW	East Germany
西德	*Xī Dé PW	West Germany
讀	dú V	read aloud; study 23
讀書	dú shū VO	read a book; study 23
卷	-juàn M	fascicle (of a book), volume 23
第一卷	dìyíjuàn	the first volume
卷一	*juàn yī	Volume One
卷子，卷兒	juànzi, juàr N	examination paper 23
交卷兒	jiāo juàr VO	hand in an exam 23
祝	zhù V	say (in congratulation, as good wishes, or as a holiday greeting), wish 23
缺	quē	(lack)

缺少	quēshǎo V	lack, be short of 19
缺少糧食	quēshǎo liángshi VO	be short of food 19
缺少錢	quēshǎo qián VO	be short of money 19
缺少衣服	quēshǎo yīfu VO	be short of clothing
深	shēn SV	deep 21
深綠的	shēnlǜde N	(something) deep green 21
深黃的	shēnhuángde N	(something) brown 21
深紅的	shēnhóngde N	(something) deep red 21

NEW USES FOR OLD CHARACTERS

部	*-bù M	set (of books)
兒女	*érnǚ N	sons and daughters
第一次世界大戰	*Dìyícì Shìjiè Dàzhàn N	the First World War
第二次世界大戰	*Dìèrcì Shìjiè Dàzhàn N	the Second World War
剛剛	*gānggāng A	just, was about to
明星	*míngxīng N	star (e.g. an actor)
史	-shǐ BF	history 23
經濟史	jīngjìshǐ N	economic history 23
文學史	wénxuéshǐ N	history of literature 23
清史	Qīng shǐ N	history of the Ch'ing Dynasty 23
漢語史	Hànyǔshǐ N	history of the Chinese language 23
古代(歷)史	*gǔdài(lì)shǐ N	ancient history
電報	diànbào N	telegram
電報局	diànbàojú N	telegraph office

READING EXERCISES

PHRASES AND SENTENCES

待 父母待兒女好，兒女也待父母好。

展 發展。發展得很快。交通發展得很快。工業發展得很快。

覽 展覽。展覽會。手工業展覽會。

古 古時候。古時候有一個王。古時候有一個王叫梁惠王。

代 古代。古代史。古代人民的生活。近代。現代。

表 代表。王代表在不在？王代表不在。王代表出去參觀工廠去了。

唐 唐朝。唐朝的兵器。唐朝的衣服。

順 順便去買兩枝筆。順便去看看朋友。

版 第一版。旅行版。經濟版。電影版。出版。

潭 日月潭。山上有一個潭叫秋水潭。

班 一天有幾班車？有十班車。九點半的那一班已經開了。

局 電話局。電報局。

臨 臨時。臨時想出來的一個辦法。

及 來得及。來不及。

德 德國。東德。西德。西德的德國人。西德的德國人的生活。

讀 我們現在讀的中文書很難。讀書很不容易，要天天讀纔行。

卷 頭一卷。第二卷。卷三。卷四。卷子。交卷兒。

祝 祝你們好。祝你們過年好。

缺 缺少。缺少甚麼？缺少學中文的書。

深 水很深。水不深。水不深的河。水不深的河裏魚多不多？

LONGER SENTENCES

1 有些國家待外國人很好，有些國家待外國人不怎麼好。

2 第二次世界大戰以後，日本的汽車工業發展得非常的好。

3 這一次展覽會裏展覽的杯子、碗、盤子、瓶子甚麼的都是湖北公社的幾個工廠做的。

4 有人説古代的人的身體比現代的人的身體好，你覺得他説得對不對？

5 為甚麼要研究古代史，不研究近代史呢？近代史不是更有意思嗎？

6 「唐代兵器研究」那篇文章你看了没有？

7 這個計劃看着像一個很好的計劃，可是實行以後的結果怎麼樣，我可不敢説。

8 你出去吃飯的時候，請你順便給我買一杯咖啡，可以不可以？

9 他寫的那一本關於中國電影的書快要出版了。

10 潭跟湖有甚麼分別我老弄不清楚。在山上的湖叫潭，你説對不對？

11 上一班車剛剛開走。下一班車要等到十二點一刻纔開呢。

12 他有一張電影明星的像片，那張像片有他屋子那個門那麼大。

13 這一個學期就有十八個星期。

14 她畢業以後，休息了一個月就開始在電話局做事。

15 這只是一個臨時計劃，可是我們都希望它真能解決這個問題。

16 他一進來拿了一本書就跑出去了。我正要告訴他今天没課，已經來不及了。

17 西德這幾年的經濟情形差不多是世界上最安定的。

18 南方人喜歡用「讀」這個字。他們說「讀書」不說「念書」。

19 這部歷史一共有六十卷。裏頭有九卷是漢史，有七卷是唐史；明史有六卷，清史只有四卷。

20 祝你們的中文一天比一天進步。明年你們的中國話就可以說得很好了。

21 我聽說他們決定請李先生代表他們去開會，那真是好極了。

22 那個地方缺少醫藥，我們得趕緊送去。

23 那條河水深，這條船這麼大，走那條河最好。

DIALOGS

（一）

梁漢生：你在高家住的怎麼樣？

張國先：非常好。他們待我跟家裏人一樣。高太太跟她先生說上海話，我一句也聽不懂。有一天我跟高太太說，「高太太你說的上海話真好聽。」高太太說，「你懂上海話嗎？」我正要回答她這個問題，她笑着說，「你要是聽得懂上海話，我就不讓你在我們家住了。」

梁：今天你沒有別的事吧，聽說今天有一個書畫展覽會，我們去看看去，好不好？

張：怎麼去？

梁：坐公共汽車去。我想先到幾家書舖去看看。我想買一本清史。順便看看他們有些甚麼新出版的書。

張：我們回來的時候再到書舖去，好不好？

梁：我怕回來的時候已經很晚了。

張：那麼我們馬上就去吧。

（二）

張：這個展覽會展覽的畫是古代的，還是近代的？

梁：都有。有些畫據說是唐代的。

張：真的是唐代的嗎？

梁：這我可不敢說。

（三）

張：漢生，你要不要到日月潭去玩兒玩兒？高先生有車子，他們要到那兒去住幾天。他說我可以約一兩個朋友一道兒去。

梁：去幾天呢？

張：他們沒說住幾天。我想我就能住三天。要是他們想多住幾天，那麼我就先坐公路車回來。

梁：好，那我跟你們一塊兒去。我想我也就能住三天。

（四）

張：漢生，公路車快來了。

梁：現在纔九點一刻。下一班車是十點，怎麼這麼快車就來了？

張：今天是星期日，來往的人多，所以公路局臨時加了一班。這一班是九點半，你坐這一班不好嗎？

梁：我還沒買票呢。來得及嗎？

張：你趕緊去買，來得及。

（五）

錢校長：你們這麼快就要走了。你們再多住一個時期不好嗎？

梁漢生：我們本來想這麼辦，可是因為有些別的事不能不早些回去。

張國先：我們明年夏天可以再來。

錢：你們那天走？

梁：明天早上。

錢：怎麼你們不早一點兒告訴我？

梁：我們是臨時決定的。因為我們前天收到兩個同學的信，他們約我們明天到香港去錢：你們是從香港坐飛機回美國嗎？

梁：不是。我們是從香港到歐洲去。

錢：你們到歐洲甚麼地方？

梁：我們先到德國，然後從德國到法國，再到英國。這些地方我們都没去過。

錢：中國有一句成語説，「讀萬卷書，行萬里路。」這都是長知識，得經驗的最好的辦法。我就拿這兩句話給你們送行，更祝你們幾位一路順風，學業進步。

SENTENCES IN SIMPLIFIED CHARACTERS

览(覽)**顺**(順)**临**(臨)**读**(讀)

1 有些国家待外国人很好，有些国家待外国人不怎么好。

2 第二次世界大战以后，日本的汽车工业发展得非常的快。

3 这一次展览会里展览的杯子、碗、盘子、瓶子什么的都是湖北公社的几个工厂做的。

4 有人说古代的人的身体比现代的人的身体好，你觉得他说得对不对？

5 为什么要研究古代史，不研究近代史呢？近代史不是更有意思吗？

6 『唐代兵器研究』那篇文章你看了没有？

7 这个计划看着象一个很好的计划，可是实行以后的结果怎么样，我可不敢说。

8 你出去吃饭的时候，请你顺便给我买一杯咖啡，可以不可以？

9 他写的那一本关于中国电影的书快要出版了。

10 潭跟湖有什么分别我老弄不清楚。在山上的湖叫潭，你说对不对？

11 上一班车刚刚开走。下一班车要等到十二点一刻才开呢。

12 他有一张电影明星的象片，那张象片有他屋子那个门那么大。

13 这一个学期就有十八个星期。

14 她毕业以后，休息了一个月就开始在电话局做事。

15 这只是一个临时计划，可是我们都希望它真能解决这个问题。

16 他一进来拿了一本书就跑出去了。我正要告诉他今天没课，已经来不及了。

17 西德这几年的经济情形差不多是世界上最安定的。

18 南方人喜欢用『读』这个字。他们说读书不说念书。

19 这部历史一共有六十卷。里头有九卷是汉史，有七卷是唐史；明史有六卷，清史只有四卷。

20 祝你们的中文一天比一天进步。明年你们的中国话就可以说得很好了。

21 我听说他们决定请李先生代表他们去开会，那真是好极了。

22 那个地方缺少医药，我们得赶紧送去。

23 那条河水深；这条船这么大，走那条河最好。

VOCABULARY INDEX OF SINGLE CHARACTERS
By Total Number of Strokes

Characters in brackets [ ] are variant forms; characters in parentheses ( ) are simplified forms. The code after each character refers to the number of the radical and the number of strokes in the remainder. The numbers after the entries refer to lessons in WSC I and II.

1 stroke

〇		0.1	líng 27
一		1.0	yī, yí-, yì- 2

2 strokes

七		1.1	qī, qí- 3
九		5.1	jiǔ 3
了		6.1	le 7 liǎo 21
二		7.0	èr 2
人		9.0	rén 3
(儿)	兒	10.0	ér, -r 7
入		11.0	rù 17
八		12.0	bā, bá- 3
(几)	幾	16.0	jǐ- 2
力		19.0	lì 25
十		24.0	shí 2
(厂)	廠	27.0	chǎng 13
又		29.0	yòu 16

3 strokes

三		1.2	sān 2
(万)	萬	1.2	-wàn 6
上		1.2	shàng 9
下		1.2	xià 9
(才)	纔	1.2	cái 18
(么)	麼	4.2	ma 3
久		4.2	jiǔ 12
也		5.2	yě 1
(飞)	飛	5.2	fēi 9
(习)	習	5.2	xí 13
(个)	個	9.1	-gè, -ge 2
千		24.1	-qiān 6
廿		24.1	niàn, èrshí 27
口		30.0	kǒu 17
大		37.0	dà 3
女		38.0	nǚ 4
子		39.0	zǐ 6

小		42.0	xiǎo	3
山		46.0	shān	2
工		48.0	gōng	12
己		49.0	jǐ	17
已		49.0	yǐ	20
(干)	乾	51.6	gān	21
(广)	廣	53.0	guǎng	13
(门)	門	169.0	mén	20
(马)	馬	187.0	mǎ	29

4 strokes

不		1.3	bú-, bù-	1
(开)	開	1.3	kāi	10
(书)	書	2.3	shū	1
中		2.3	zhōng	1
(为)	爲	3.3	wèi	6
(长)	長	4.3	cháng	8
之		4.3	zhī	24
五		7.2	wǔ	2
(什)	甚	9.2	shém-	3
(从)	從	9.2	cóng	9
今		9.2	jīn	10
介		9.2	jiè	29
内	〔內〕	11.2	nèi	25
六		12.2	liù	2
公		12.2	gōng	12
(风)	風	16.2	fēng	26
分		18.2	fēn	4
(分)	份	18.2	fèn	27
(办)	辦	19.2	bàn	16
午		24.2	wǔ	10
卅		24.2	sā, sà, sānshí	27
(历)	歷	27.2	lì	13
友		29.2	yǒu	4
(双)	雙	29.2	-shuāng	23
及		29.2	jí	30
太		37.1	tài	1
天		37.1	tiān	10
夫		37.1	fū, -fu	12
少		42.1	shǎo	4
心		61.0	xīn	25
手		64.0	shǒu	16
支		65.0	zhī	22
文		67.0	wén	3
方		70.0	fāng	9
日		72.0	rì	12
月		74.0	yuè	11
比		81.0	bǐ	19
毛		82.0	máo	4
(气)	氣	84.0	-qi	10
水		85.0	shuǐ	5

9 strokes

(形)		59.6	xíng 28
很		60.6	hěn 1
後	(后)	60.6	hòu 8
待		60.6	dài 30
怎		61.5	zěn, zěm- 6
思		61.5	sī 7
急		61.5	jí 22
(总)	總	61.5	zǒng 26
(战)	戰	62.5	zhàn 25
拜		64.5	bài 11
故		66.5	gù 20
是		72.5	shì 3
昨		72.5	zuó 11
星		72.5	xīng 14
春		72.5	chūn 18
(树)	樹	75.5	shù 18
架		75.5	jià 23
查		75.5	chá 24
洗		85.6	xǐ 17
活		85.6	huó 22
洋		85.6	yáng 26
洲		85.6	zhōu 27
(济)	濟	85.6	jì 28
(泽)	澤	85.6	zé 28
[為]	爲	86.5	wèi 6
(点)	點	86.5	diǎn 7
甚	(什)	99.4	shén-, shem- 3
產	(产)	100.6	chǎn 19
界		103.4	jiè 19
[盃]	杯	108.4	bēi 23
看		109.4	kàn 1
盼		109.4	pàn 25
省		109.4	shěng 27
(研)	硏	112.6	yán 14
秋		115.4	qiū 18
(种)	種	115.4	zhǒng, zhòng 20
穿		116.4	chuān 17
約	(约)	120.3	yuē 10
紅	(红)	120.3	hóng 15
(给)	給	120.6	gěi 4
(结)	結	120.6	jié 20
美		123.3	měi 1
(养)	養	123.3	yǎng 28
英	(英)	140.5	yīng 3
(茶)	茶	140.6	chá 5
(药)	藥	140.6	yào 20
要		146.3	yào 2
(觉)	覺	147.5	jué 12

11 strokes

13 strokes

14 strokes

WRITTEN STANDARD CHINESE I AND II

Combined vocabulary

(Numbers refer to lessons in Written Standard Chinese, Vols. I and II. Words not included in presupposed lessons are marked with an * : see Introduction, Written Standard Chinese, Vol. I.)

A

a 啊 I *ah 24

a 啊，呀 P (question particle; exclamatory particle) 14; (vocative particle, indicating intimacy or confidential manner) 25; *(in imperative sentences) 21

ài 愛 AV love to, be fond of 6; *be always 24

āndìng 安定 SV stable 29

ānjing/-jìng 安靜 SV quiet, peaceful 29

B

bā 八 NU eight 3

bǎ 把 CV taking 17

-bǎ 把 M (things with handles; chairs) 24

ba 吧 P (softens imperative sentences) 9; (question particle, often indicating surprise that the question should have to be asked) 17; *(sentence particle, indicates that what the sentence denotes will probably happen) 24

bái 白 AT white 15; BF Pai, Po, Pak 16

-bǎi 百 M hundred 6

báicài 白菜 N *Chinese cabbage, celery cabbage 15

báide 白的 N something white; white

báitian 白天 TW daytime, during the day 15

-bǎiwàn 百萬 M million 6

bàiwàng 拜望 V pay a formal visit (to someone senior) 29

*báizhǒng 白種 N white, race Caucasian race 27

-bān 班 M class, section (of a class of students); scheduled trip (of a bus, train, etc.); BF shift (of work); troupe, class, school, program 30

-bǎn 版 BF/M section (of a newspaper); M edition 30

bàn 半 NU/M half 12

bàn 辦 V manage, carry out 16

bànfa 辦法 N method, way 21

bàngongshì 辦公室 N office 29

bàn shì(qing) 辦事(情) VO carry out a matter, do a job 16

bàntiān 半天 NU M half the day; a long time 21

bànyè 半夜 NU M half the night; midnight 26

bāng 幫 V help, assist 15

bāng máng 幫忙 VO help, assist 15

bāngzhe 幫着 V help, assist 15

bāngzhu 幫助 V/N help, assist(ance) 15

bǎo 飽 SV/VS full, satisfied (from eating) 24

bào 報 N newspaper 1

bàogào 報告 V/N report 21

bàoshang 報上 PW on/in the newspaper 9

bàoshang shuō 報上說 IE it says in the newspaper 9

*bāozi 包子 N stuffed steamed bread 24

-bēi 杯 M cup, glass

běibiān 北邊 PW north 15

běifāng 北方 PW the north 26

Běijīng 北京 PW Peking 8

Běijīng Dàxué 北京大學 PW Peking University 10

Běijīng Dōng Lù 北京東路 PW Peking East Road 9

*Běijīng Lóu 北京樓 PW Peking House (restaurant) 9

Běijīng Xī Lù 北京西路 PW Peking West Road 9

Běipíng 北平 PW Peiping 15

*bēizi 杯子 N cup, glass 23

-běn 本 M (bound volumes, books) 2

běnlái 本來 TW original time, originally 12

běnzi/-r 本子 兒 N notebook 14

bǐ 筆 N writing implement 4

bǐ 比 V compare; CV compared with, than 19

bǐfang 比方 N example; illustrative gesture 19

bǐfang shuō 比方說 IE for example 19

bǐhuà(r) 筆畫(兒) N stroke (in a written character) 22

bì yè畢業VO graduate (from school) 22

biān 邊 N/M side; BF (suffix in place words) 15

biǎo 錶 N watch 18

biār 邊兒 N/M side; BF (suffix in place words) 15

bié 別 AV (you) do not...! 11

biéde 別的 N other, remaining 12

bié kèqi (le). 別客氣(了) IE Don't stand on ceremony. 12

biéren 別人 N other people, remaining people 12

bíe sòng, bíé song. 別送別送 IE Goodbye. 29

bīng 兵 N soldier, troops 25

bìng 病 N sickness, disease; V get sick 20

bīngqi 兵器 N weapon 25

bú-, bù- 不 A not 1

bù. 不 IE No. 14

-bù 步 M (paces, steps) 24

*-bù 部 M (sets of books) 30

-bu- 不 P cannot 20

búbì 不必 A AV not necessary to; IE It's not necessary. 20

búbì kèqi. 不必客氣 IE It's not necessary to be polite. 20

búbì le. 不必了 IE It's not necessary. 20

búcuò 不錯 A SV not bad, pretty good 23

búdà 不大 A not very 26

bùdé bu- 不得不 A cannot but, must 29

búduì. 不對 IE Wrong. 12

-bùfen 部分 M portion, part, section 27

búguò 不過 CA but 29

bùhǎotīng 不好聽 A SV unpleasant to listen to; offensive (speech) 17

bùjiǔ 不久 MA soon, not long afterwards 18

-buliǎo 不了 VS cannot finish, cannot do successfully 20

búlùn 不論 A V no matter 21

-buqǐ 不起 VS cannot afford to 20

bùshǎo 不少 A SV quite a few 8

búshi 不是 A if not 21

bùshūfu 不舒服 A SV uncomfortable, slightly ill 19

búsòng le. 不送了 IE Good-bye. 29

búyào 不要 A AV (you) do not...! 11

búyàojǐn. 不要緊 IE It doesn't matter. 19

búyòng 不用 A AV need not 12

bùzěmma 不怎麼 A not so, not all that 7

C

cái 纔 A then and only then, not until, only as much as 18

cài 菜 N vegetable; dish (of food) 5

*càibāor 菜包兒 N steamed bread stuffed with cabbage 24

cānguān 參觀 V visit (a place to examine its facilities) 14

cèsuǒ 廁所 N rest room, toilet 20

-céng 層 M layer, story, level 14

chá 茶 N tea 5

chà 差 V differ by; lack, be short by; fall short (of standard) 18

*chábēi 茶杯 N teacup 23

chàbuduō 差不多 V be about the same; A almost, about 18

*cháyè 茶葉 N tea leaf; tea 22

*cháyè gōngsī 茶葉公司 N tea company 22

cháng 長 SV long 8

cháng 常 A often 16

-cháng, -chǎng 場 M period of time, spell 22

chàng 唱 V sing 26

Cháng-ān 長安 PW Changan 29

chángchang 常常 A often 16

*Chángdǎo 長島 PW Long Island 26

chàng gē(r) 唱歌(兒) VO sing 26

chànggēbān 唱歌班 N singing troupe, glee club 30

Cháng Jiāng 長江 N Yangtze River 14

cháo 朝 BF dynasty 16

chǎo 炒 V stir-fry 23

cháodài 朝代 N dynasty 30

chǎojīdàn 炒雞蛋 N stir-fried/scrambled eggs 23

chē 車 N vehicle, car 7

chēfū 車夫 N driver 29

chēzi 車子 N car 29

chéng 城 N city 8

-chéng 成 VS (become:) into 21

chénglǐtou/-li 城裏(頭) PW the area inside the city; downtown 8

chéngwàitou 城外頭 PW the area outside the city 8

chéngyǔ 成語 N saying, maxim 29

chī 吃 V eat, have...to eat 5

chī fàn 吃飯 VO have a meal, eat; eat rice 5

chī yào 吃藥 VO take medicine 20

chū 出 VS out; V emerge (with 來 or 去) 15; proceed out of, exit from 17

chūbǎn 出版 V publish 30

chūchǎn 出產 V produce; N production, product 26

*chūkǒu 出口 N exit 17

chū yuàn 出院 VO leave the hospital 20

chūzū 出租 V be for rent 26

chuān 穿 V put on, wear 17

chuán 船 N ship 9

chuánzhǎng 船長 N captain (of a ship) 29

chūnjià 春假 TW spring vacation 25

chūntiān 春天 TW spring(time) 18

-cì 次 M occasion, time 20

cóng 從 CV from 9

cónglai 從來 MA customarily (in the past) 29

cōngming 聰明 SV intelligent, bright 12

cóngqián 從前 TW the past; formerly 14

D

-dá 打 M dozen 24

dà 大 SV big, great 3; old (in comparing ages of people) 7

dádào 達到 V VS arrive at, attain 28

dǎ diànhuà 打電話 VO make a telephone call 10

dàhòunian 大後年 TW three years from now 11

dàhòutian 大後天 TW three days from now 11

dàjiā 大家 N everybody 20

*dǎkai 打開 V VS open 24

dàkǎo 大考 N (final) examination 18

dà mén 大門 N big door; main gate 20

dàqiánnian 大前年 TW three years ago 11

dàqiántian 大前天 TW three days ago 11

dǎsuan 打算 AV plan to 12

dǎting 打聽 V inquire 26

Dàxīyáng 大西洋 PW Atlantic Ocean 26

dàxué 大學 PW university 10

*dǎyúde 打魚的 N fisherman 27

*dǎ yú 打魚 VO to fish 27

dǎ zhàng 打仗 VO fight (a war, a battle) 25

*dǎ zì 打字 VO write on a typewriter, type

*dǎzìjī 打字機 N typewriter 10

dài 帶 V bring/take along 17

dài 待 CV treat, to 30

dài 代 BF replace; age, time period; dynasty 30

dàibiǎo 代表 V represent; N representative 30

dàn 蛋 N egg

*dàn 但 BF but, only 28

*dànchǎofàn 蛋炒飯 N fried rice (with egg) 23

*dànshi 但是 CA but 28

dāngrán 當然 MA naturally; IE Of course. / Naturally. 20

dǎo 島 N island 26

dào 到 V arrive; CV to 9; until 10; VS to 9; so that the actor successfully achieves the action of the verb 13

dào(r) 道(兒) N road, way 29

dàochù(r) 到處(兒) PW all over, everywhere 18

dàodǐ 到底 A after all, really 21

dàoli 道理 N teaching, doctrine, point, message 27

dào shíhou 到時候 VO when the time comes 21

dé 得 V get, obtain; be ready 29

-dé/-de 得 VS ready 29

de 的 P (follows the modifier in a modifier-modified construction where the modified element is a noun; also replaces this noun) 6

de 得/的 P (between a verb and a manner comment) 13

de 地/的 P (adverbial suffix) 19

-de- 得 P can 20

Déguo 德國 PW Germany 30

dé jīngyàn 得經驗 VO gain experience 29

-deliǎo 得了 VS can finish, can do successfully 20

-deqǐ 得起 VS can afford to 20

X de shíhou(r) X 的時候(兒) TW when X 11

děi 得 AV must, have to, ought to 12

dēng 燈 N lamp, light 26

děng 等 V wait 16

*dī 低 SV low (price, position, etc.) 27

dì- 第 SP (ordinalizing prefix) 10

dìdi 弟弟 N younger brother 7

dìèr 第二 CA secondly 10

*Dìèrcì Shìjiè Dàzhàn 第二次世界大戰 N the Second World War 30

dìèrtiān 第二天 TW the second day, the next day 10

dìfang 地方 PW place; *space (available for use) 9

dìlǐ 地理 N geography 27

*dìlǐxué 地理學 N (study of) geography

*dìlǐxuéjiā 地理學家 N geographer 27

dìtú 地圖 N map 15

dǐxia 底下 PW area underneath 14

dìyī 第一 CA firstly 10

*Dìyícì Shìjiè Dàzhàn 第一次世界大戰 N the First World War 30

*dìzhǐ 地址 N address 21

*Dìzhōng Hǎi 地中海 PW Mediterranean Sea 26

-diǎn 點 M hours; o'clock 18

*diànbào 電報 N telegram 30

*diànbàojú 電報局 N telegraph office 30

*diànchē 電車 N trolley car 10

diàndēng 電燈 N electric light 26

diànhuà 電話 N telephone 10

diànhuàjú 電話局 N telephone bureau 30

diànji 惦記 V have on one's mind, think of 29

diǎnxin/-xīn 點心 N snack, light refreshment 25

diànyǐng/-yǐngr 電影(兒) N movie, film 11

diànyǐngbǎn 電影版 N film section 30

dìng 訂 V book, reserve 22

dìng fēijīpiào 訂飛機票 VO make an airline reservation 22

dìng yuēhui/-huì 訂約會 VO make a date 29

diū 丟 V lose, misplace 25

diūxia 丟下 V VS throw down, drop 25

*diūzai 丟去 V VS drop on 25

dǒng 懂 V understand 16; VS so that understanding results 20

dōngběi 東北 PW northeast; Manchuria 15

dōngbian 東邊 PW east 15

*Dōng Dé 東德 PW East Germany 30

dōngfāng 東方 PW the east 26

*Dōngjīng 東京 PW Tokyo 8

Dōngjīng Dàxué 東京大學 PW Tokyo University 10

dōngnán 東南 PW southeast 15

dōng-nán-xī-běi 東南西北 IE north, south, east, west 15

Dōngnán-yǎ 東南亞 PW
Southeast Asia 27

dōngtian 冬天 TW winter 18

dōngxi 東西 N thing, object 8

dǒng-xī-nán-bei 東西南北
IE north, south, east, west 15

dōu 都 A in all cases 2

dú 讀 V read aloud; study 30

dú shū 讀書 VO read a book; study 30

duì 對 SV correct, right 12;
CV (with respect) to, in 13;
VS with correct results 21

duì le. 對了. IE That's right. 12

duō 多 SV many, much 4, 7; M plus a fraction, and then some 4;
A more 13; V have too much 29

duōdào 多到 V VS so numerous that 26

duō-/duó(ma) 多(麼)A to what extent?, how? 4

duōshao 多少 N/NU how much?, how many? 4

E

È-/Éguo 俄國 PW Russia 16

èr 二 NU two 2

*érnǚ 兒女 N sons and daughters 30

èryuè 二月 TW February 11

érzi 兒子 N son 7

F

fādá 發達 SV well developed 28

Fàguo 法國 PW France 8

Fàguo huà 法國話 N French (language) 8

Fàwén 法文 N French (language, literature) 8

fāzhǎn 發展 V develop;
N development 30

fázi 法子 N way, method 20

fàn 飯 N cooked rice; food; meal 5

fàndiàn 飯店 N restaurant 9;
hotel 29

fànguǎr/-guǎnzi 飯館兒/館子
N restaurant 8

-fāng 方 BF part, territory 26

fàng 放 V put, place 24

fāngbiàn 方便 SV convenient 23

fàng jià 放假 VO have a vacation 25

fàngjin lai/qu 放進來/去 V VS P put in 24

-fānglǐ 方里 M square mile 9

fàng xīn 放心 VO put one's heart at rest; SV at rest, not worried 25

fàngzai 放在 V VS put at 24

fángzi 房子 N building 8

fángzū 房租 N rent 26

fēi 飛 V fly 9; *fly to 13

fèi 費 V spend, consume; BF fee, expenses 22

fēicháng(de) 非常(地) A extraordinarily, extremely 27

fēichu lai/qu 飛出來/去 V VS P fly out 15

fēidao 飛到 V VS fly to 9

fēijī 飛機 N airplane

fēijīchǎng 飛機場 PW airport 22

fēijīpiào 飛機票 N airplane ticket 22

fèi qián 費錢 VO use a lot of money, expensive 22

fèi shì 費事 VO use a lot of work, troublesome 22

fèi shíhou 費時候 VO use a lot of time, time-consuming 22

Fēizhōu 非洲 PW Africa 27

fēn 分 V divide, separate, share 21; M cent 4; minute 8

-fèn/-fèr 分(兒) M issue, number, copy (of a newspaper or magazine) 27

fēnbié/-bie 分別 N difference 26

fēnchéng 分成 V VS divide into 21

fēngei 分給 V VS give (as one's share) 21

fēnkai 分開 V separate 21

NU_1-fēn/fèn-zhī-NU_2 NU_1 分之 NU_2 NU_2 NU_1 -ths (in expressing fractions) 24

fēng 風 N the wind 26

-fēng 封 M (letters) 12

fēngjǐng 風景 N scenery 26

fēngsu 風俗 N custom 29

-fū 夫 BF man (who performs a manual service) 29

fú 福 N good luck 27

fùmǔ 父母 N parents 6

fúqi 福氣 N good luck 27

fùqin 父親 N father 6

G

gǎn 敢 AV dare 14

gǎn 趕 V rush to do/make 24

gǎnchu lai 趕出來 V VS P rush to do/make in time 24

gānganjìngjìng 乾乾淨淨 VR nice and clean 21

gǎnjǐn 趕緊 A right away 29

gānjing 乾淨 SV/VS clean 21

gǎnshang 趕上 V VS catch up with 24

gāng 剛 A just (recently, in the past) 19

gāngcái 剛纔 MA just a moment ago 19

*gānggāng 剛剛 A just, was about to 30

gāo 高 SV high; tall 2

gǎo 搞 V concern oneself with; do 26

gǎohǎo 搞好 V VS fix 26

gǎohuài 搞壞 V VS break 26

gǎoqīngchu 搞清楚 V VS make clear 26

gàosong/-su 告訴 V inform, tell 7

gāoxìng 高興 SV happy 11

gē(r) 歌(兒) N song 26

gè- 各 BF every, each, numerous 21

-ge/-gè 個 M (single persons or objects) 2

gèchù 各處 PW everywhere, all the various places 18

gēge 哥哥 N older brother 7

gèguó 各國 N various countries 21

gèrén 各人 N each person 21

gèwèi 各位 N each (person) 21

gèwèi tóngxué 各位同學 N fellow students 21

gèzhǒng 各種 N each kind, all the various kinds 21

gěi 給 V give 4; CV for, to 12; VS to 4

gēn 跟 CV with, accompanying; C and 10

gēn X jiè Y 跟X借 Y PAT borrow Y from X 22

gèng 更 A still/even more 28

gōngchǎng 工廠 N factory 13

gōngfu 工夫 N (free) time 12

gōnggòngqìchē 公共汽車 N (public) bus 12

gōnggòngqìchēzhàn 公共汽車站 N bus stop/station 12

gònghéguó 共和國 N republic 14

gōngkè 功課 N school work, home work 16

*gōngkè máng 功課忙 N SV have a lot of homework to do 16

-gōnglǐ 公里 M kilometer 12

*gōnglù 公路 N highway 17

*gōnglùchē 公路車 N (inter-city) bus 17

gōnglùjú 公路局 N inter-city bus bureau 30

*gōngpíng 公平 SV fair, equitable 15

*gōngqián 工錢 N wage, pay 13

gōngren 工人 N laborer, worker 13

gōngshè 公社 N commune 13

gōngsī 公司 N company 22

gōngyè 工業 N industry 26

gōngzuò 工作 N job; V to work 13

gǒu 狗 N dog 20

gòu 夠 SV/A sufficient(ly), enough 11; V be enough for 21

gǔ 古 BF ancient (times) 30

gǔdài 古代 BF of ancient times 30

Gǔdài Hànyǔ 古代漢語 N Archaic/Classical Chinese 30

*gǔdài(lì)shǐ 古代(歷)史 N ancient history

*gǔshíhou(r) 古時候(兒) TW ancient times 30

guān 關 V close 20

*guān dēng 關燈 VO put out a lamp, turn off a light 26

guānshang 關上 V VS close (up) 20

guānxi 關係 N connection; relevance 15

guānyu 關於 CV concerning, about 13

guǎnzi 館子 N restaurant 26

Guǎngdōng 廣東 PW Kwangtung 21

Guǎngdōnghuà 廣東話 N Cantonese (language) 21

Guǎngdōngrén 廣東人 N Cantonese (person) 21

Guǎngdōng Shěng 廣東省 PW Kwangtung Province 27

Guǎngzhōu 廣州 PW Canton 13

Guǎngzhōu Shì 廣州市 PW Canton (Municipality) 21

guì 貴 SV expensive 1

guì xìng? 貴姓 IE What is your (honorable) surname? 3

guò 過 V pass, go by, after 12; exceed; celebrate; cross (with 來 or 去) 18

-guò/-guo 過 VS (completed action) 12

-guo 過 VS (at least one occurrence of the action of the verb) 11; over, around (with 來 or 去) 17

guógē 國歌 N national anthem 26

guójì 國際 BF international 29

guójiā 國家 N nation, country 9

guò jiē 過街 VO cross the street; pass a block 18

*guónèi 國內 AT within the nation, internal 25

guò nián 過年 VO celebrate New Year's 18

guòqù 過去 TW past 29

guò rìzi 過日子 VO run a household 18

guò shēngrì 過生日 VO celebrate one's birthday 18

guówáng 國王 N king (of a nation) 23

Guóxiān 國先 N Kuo-hsien (a given name) 5

Guóxīn 國新 N Kuo-hsin (a given name) 5

Guóyǔ 國語 N Chinese language 16

H

hái 還 A still, furthermore 10

hǎi 海 N sea 19

hǎibiār/-biān 海邊(兒) PW seashore 19

*hái bu...ma? 還不 ... 嗎 PAT Should one not...? 18

hái méi(you)...ne 還沒(有)... 呢 PAT have not...yet, still not... 10

háishi 還是 CA is (either)?, or is? 12; still is to be preferred 18

háizi 孩子 N child 6

Hàn 漢 BF Chinese; Han (Dynasty) 16

Hàn Cháo 漢朝 TW Han Dynasty 16

Hàn Dài 漢代 TW Han Dynasty 30

Hànren 漢人 N Chinese (people); ethnic Chinese 16

Hànyǔ 漢語 N Chinese language 16

Hànyǔshǐ 漢語史 N history of the Chinese language 30

Hànzì 漢字 N Chinese characters 16

hángkōng 航空 BF aeronautical, air 22

hángkōng gōngsī 航空公司 airline 22

hǎo 好 SV good; well, healthy; IE That will be fine. 1; A easy to 10; very, quite 19; the better to, in order to 29; VS (satisfactory completion) 20

-hào 號 M (telephone, house, room) number; day (of the month) 17

hǎochī 好吃 SV tasty 5

*hǎohē 好喝 SV good to drink 5

hǎojǐ- 好幾 NU quite a few 8

hǎokàn 好看 SV good-looking; *easy to read 2; worth seeing; interesting 28

hǎo shuō. 好說 IE You flatter me. 12

hǎotīng 好聽 SV pleasant to listen to 17

hǎowár 好玩兒 SV fun to play with; cute 20

hǎo xiàng 好像 A SV quite similar; MA seemingly, it seems 19

*hǎoxiē- 好些 NU quite a few 8

hǎozǒu 好走 SV easy to travel 8

hē 喝 V drink, have...to drink 5

hé 河 N river 17

hēdào 喝到 V VS drink as far as 13

Hédōng 河東 PW East of the (Yellow) River 25

hē jiǔ 喝酒 VO drink (alcohol) 7

Hénèi 河內 PW Within the (Yellow) River 25

hépíng 和平 N peace 15

héshì 合適 SV be the right size, fit; suitable, fitting 29

hēi 黑 *SV dark 26

hēide 黑的 N (something) black 15

*Hēi Hǎi 黑海 PW Black Sea 26

*hēizhǒng 黑種 N black race, Negro race 27

hěn 很 A very 1; very much 5

hěn kuài 很快 MA very soon 9

hěn shǎo 很少 A (very) seldom 13

*hóngchá 紅茶 N black tea 15

hóngde 紅的 N (something) red 15

*Hóng Hǎi 紅海 PW Red Sea 26

hóngyè 紅葉 N red leaves, colored leaves (of autumn) 15

*hóngzhǒng 紅種 N red race, American Indians 27

hòubian/-biar 後邊(兒) PW back 15; last 26

hòulai 後來 MA afterwards, and then (in the past) 19

hòunian 後年 TW year after next 11

hòutian 後天 TW day after tomorrow 11

hòutou 後頭 PW back 8

hú 湖 *N lake 26

*Húběi 湖北 PW Hupeh (Province) 26

Húnán (Shěng) 湖南(省) PW Hunan (Province) 26, (27)

huā 花 N flower 18

huà 話 N speech, language 3; (if it's the) case 21

huà 畫 N painting, drawing 4; V draw, paint 7

huàbào 畫報 N pictorial, picture magazine 26

huà huà(r) 畫畫(兒) VO draw, paint 7

*huāpiéngr 花瓶兒 N vase (for flowers) 23

Huá Shān 華山 N Mt. Hua 14

-huài 壞 VS broken, spoiled 22

huài le 壞了 V P broken, out of order, spoiled 22

huán 還 V return 21

huàn fēijī 換飛機 VO change airplanes 22

huángei 還給 V VS return (something) to (someone) 21

huàn qián 換錢 VO change money 22

huáng 黃 BF Huang; AT yellow 27

huángde 黃的 N (something) yellow/brown

*Huáng Hǎi 黃海 PW Yellow Sea 27

Huáng Hé 黃河 N Yellow River 27

*huángzhǒng 黃種 N yellow race, Mongolian race 27

huār 花兒 N flower 18

huàr 畫兒 N painting, drawing 4

*huí 回 V return to 13

huì 會 AV know how to, can 5; may, will 18; N meeting, conference 20; VS learned 21

huídá 回答 N answer 25

huíguo tóu lai 回過頭來 V VS O P turn one's head around (towards the speaker) 17

*huí jiā 回家 VO return home 11

huìkèshì 會客室 N reception/ sitting room 29

huí lai/qu 回來/去 V P come/go back 11

-hui lai/qu 回來/去 VS P back 17

huí tóu 回頭 VO turn one's head 17

huí xìn 回信 VO send a letter in reply 13

huìyì 會議 N meeting, conference 20

*huìyìshì 會議室 N conference room 29

*huó 活 V be alive; AT (a)live 22

huǒchē 火車 N train 9
huǒchēpiào 火車票 N train ticket 22
huǒchēzhàn 火車站 PW railway station 9
huóde 活的 N (something) (a)live 22
huòshi 或是 C or; CA either, whether, or 22

J

jī 雞 N fowl, chicken 23
jí 急 SV anxious, hurried 26
jǐ 幾 NU *how many (under ten)?; a few, several (up to ten) 2
jì 寄 V mail 13
jīdàn 雞蛋 N (chicken) egg 23
jìdào 寄到 V get to (by mail) 13
jìde 記得 V remember 17
jìgei 寄給 V VS mail to (someone) 22
jìhua/-huà 計劃 N plan, proposal 22
jìhua 計劃 V plan, figure out 22
jīhui 機會 N opportunity, chance 14
-jíle 極了 BF extremely 12
jìxù(de) 繼續(的) A continuously 21
*jìxùbùtíngde 繼續不停的 A unceasingly 27
jízhe yào 急着要 A V anxious to have, anxious to 26
jìzhù 記住 V remember (firmly) 21
jiā 家 N family 8
-jiā/jia 家 PW home 8
-jiā(r) 家(兒) M (shops, restaurants) 8
jiā 加 V add, plus 20
-jiā 家 BF specialist, practicioner 26
-jià 架 M (machines) 23
jià 假 N vacation; leave of absence 25
jiāli 家裏 PW home, family 8
jiāliren 家裏人 N people in the family 8
Jiānádà 加拿大 PW Canada 19
jiàqián 價錢 N price 27
Jiāzhōu 加州 PW California 19
-jiān 間 M (rooms) 27

-jiàn 件 M (articles of clothing; things, matters) 19

jiàn 見 V see, meet 20

-jian 見 VS so that the actor perceives what he is trying to perceive 20

jiǎnchá 檢查 V examine 24

jiǎnchá shēntǐ 檢查身體 VO have a medical checkup 24

jiǎndī 減低 V decrease, become low 27

jiǎnshǎo 減少 V decrease 19

jiǎntǐzì 簡體字 N simplified character 27

jiǎnzhí(de) 簡直(的) A simply, just 27

Jiāng 江 BF Chiang 14

jiāo 教 V teach 6

jiāo 交 V hand in, hand over 24

jiào 叫 V be named 5; tell, ask (someone to do something) 12

jiāogei 交給 V hand in to, hand over to 24

jiāo juàr 交卷兒 VO hand in an exam 30

jiāo shū 教書 VO teach 6

jiāotōng 交通 N going from place to place, getting around; transportation 29

jiàoxǐng 叫醒 V wake (someone) up 18

jiǎozi 餃子 N meat dumpling 20

jiē 街 N street 10

jiè 借 V borrow, lend, loan 22

jiègei 借給 V lend to 22

jiéguǒ 結果 N outcome, result 20

jiéguǒ 結果 MA as a result, finally, in the end 20

jiějie 姐姐，姊姊 N older sister 6

jiějué 解決 V solve 19

jiěmèi 姐 / 姊妹 N (fellow) sister 6

jie qián 借錢 VO borrow money 22

jiēshang 街上 PW on the street; shopping district 10

jièshao 介紹 V introduce 29

jièshàoxìn 介紹信 N letter of introduction 29

jièzǒu 借走 V be out (as a book from a library) 22

*jīn 金 AT gold, golden, gold-colored; money 23

jìn 近 SV near; short (of a route) 17

jìnbù 進步 N progress, improvement 24

*jìn chéng 進城 VO go into the city 17

*jìndài 近代 BF of recent times 30

*jīnde 金的 N something made of gold 23

jìn lai 進來 V P come in 17

*jìnlì(de) 盡力(地) A exert all one's effort to 25

jīnnian 今年 TW this year 11

jìn qu 進去 V P go in 17

jīntian 今天 TW today 10

jìn-xīn-jìn-lì 盡心盡力 IE exert all of one's mind and strength 25

*jīnyú 金魚 N goldfish 28

jìn yuàn 進院 VO enter the hospital 20

*jīnzi 金子 N gold 23

jīngguo 經過 V pass by, cross through, undergo 20

jīngji 經濟 AT economic 28; SV economical 28

jīngjìshǐ 經濟史 N economic history 30

jīngjìxué 經濟學 N economics 28

jīngjìxuéjiā 經濟學家 N economist 28

jīngyan, -yàn 經驗 N/V experience 29

jiǔ 九 NU nine 3

jiǔ 酒 N wine, liquor, alcoholic beverage 5

jiǔ 久 SV long (time) 12

jiù 就 A only 3; then, afterwards 7; *exactly 8; right away 9; as a consequence, then 11

jiù 舊 SV old (referring to objects) 23

*jiǔbēi 酒杯 N wine glass 23

jiǔdiàn 酒店 N liquor store 9

*Jiùjīnshān 舊金山 PW San Francisco 23

jiǔliàng 酒量 N capacity for drinking wine 27

*jiǔpíng 酒瓶 N wine bottle 23

jiǔpù 酒舖 N liquor store, wine shop 8

jiùshi 就是 A V although 19

-jú 局 BF bureau, office, station 30

-jù 句 M (sentence) 13

jùshuō 據說 IE it is said that 28

jùzi 句子 N sentence 13

-juàn 卷 M fascicle (of a book), volume 30

juànzi, juàr 卷子 / 兒 N examination paper 30

juéde 覺得 V feel that, be of the opinion that 12

juédìng 決定 V decide 16

K

kāfēi 咖啡 N coffee 24

kāi 開 V drive; start away 10; open, begin operations 12; bloom 18; *CV driving, by 10

-kai 開 VS open; separated, away 21

kāi chē 開車 VO drive a car 10

kāichu lai/qu 開出來 / 去 V VS P drive out 15

*kāi dēng 開燈 VO light a lamp, turn on a light 26

kāi huā(r) 開花(兒) VO bloom 18

kāi huì 開會 VO hold a meeting, attend a meeting, start a meeting 20

kāikai 開開 V open 21

kāi mén 開門 VO open the door; be open (for business) 20

kāishǐ 開始 V begin, start 25; AV begin to, start to 25

kāi xué 開學 VO begin school 21

kāi zhīpiào 開支票 VO make out a check 22

kàn 看 V read 1; look at; think about, have the opinion that 7; visit, see (a person) 10; depend 19

kànbuqǐ 看不起 V look down on (in disrespect) 20

kàndào 看到 V read to; see as far as 13

kàndǒng 看懂 V understand (reading) 20

kànjian 看見 V perceive (seeing), see 20

kǎo 考 V examine, test; have an exam in 18

kǎo shì 考試 VO take an examination 18

kǎoshì 考試 N examination 18

-kē 棵 M (trees, plants) 23

*kě 可 A indeed, certainly 24

kè 課 N class 10; *M lesson 10

-kè 刻 M quarter of an hour 18

kè 客 BF guest 26

kèqi 客氣 SV polite, standing on ceremony 12

*kèren 客人 N guest 12

kěshi 可是 MA but 5

*kèshì 課室 N classroom 29

kéyi 可以 AV be permitted to, may, can, will 6

kōng 空 SV empty, vacant 29

kǒuxiāngtáng 口香糖 N chewing gum 20

-kuài 塊 M dollar 4; piece 11

kuài 快 SV fast, quick 9; A quickly, soon 9; close to, nearly 13

kuàizi 筷子 N chopsticks 12

L

lái 來 V come 9; (come and) be here 11; come to 13

lai 來 P (sentence particle, indicates motion toward the speaker) 9

NU-lái NU-來 CA in the NU-th place 29

láibují 來不及 V can't make it, can't get there on time 30

*láidao 來到 V come to, arrive at 22

láidejí 來得及 V can make it, can get there on time 30

láiwǎng 來往 V travel; commute 29

lǎo 老 SV venerable, elderly, old 14; BF (prefixed to surnames) 14; A (-shi 是) always, keep on, insist on 19

lǎopéngyou 老朋友 N old friend 14

lǎoshī 老師 N teacher, tutor; Mr., Mrs., Miss (referring to a teacher) 8

-le 了 VS (completed action) 10; P (sentence particle, indicates a change in state, or action completed in the past, having occurred as of the present) 10; VS (used) up 17

lěng 冷 SV cold 18

lí 離 CV from, to 26

-lǐ 里 M mile; Chinese mile 8

Lǐ 李 BF Lee (a surname) 23

lǐbài 禮拜 TW week 11

lǐbàièr 禮拜二 TW Tuesday 11

lǐbàijǐ 禮拜幾 TW what day of the week? 11

lǐbàitiān 禮拜天 TW Sunday 11

lǐbàiyī 禮拜一 TW Monday 11

lǐbian 裏邊 PW inside 15

líkai 離開 V leave 26

lìkè 立刻 A immediately 29

lìshǐ 歷史 N history 13

lìshǐjiā 歷史家 N historian 26

lǐtou 裏頭 PW inside 8

liànxí 練習 N exercise (in studying); (-xi) V practice

*liàn-zì-liàn-huà 練字練畫 LE practice calligraphy and painting 21

Liáng 梁 BF (name of a state during the Warring States period); *Liang, Leong (a surname) 25

liáng 量 V measure 27

liǎng- 兩 NU two 2

-liàng 輛 M (vehicles) 23

liàng 量 BF quantity 27

Liángguó 梁國 PW the state of Liang 25

Liáng Huìwáng 梁惠王 N King Hui of Liang 25

liángshi 糧食 N foodstuffs, provisions, food 19

liǎojiě 了解 V understand, comprehend 21

línshí 臨時 A on the spur of the moment 30

líng 零 NU zero; and (in numbers) 14

liù 六 NU six 2

lóu 樓 N building of two or more stories 9; BF floor, story 9

lóu dǐxia 樓底下 PW downstairs 14

lóushàng 樓上 PW upstairs 9

lóuxià 樓下 PW downstairs 9

lù 路 N road; route, way 7

lùshang 路上 PW on the journey 29

lǜde 綠的 N something green; green 15

lǚxíng 旅行 V travel 22; N travel, trip 22

lǚxíngbǎn 旅行版 N travel section 30

lǚxíngshè 旅行社 N travel bureau 22

lǚxíng zhīpiào 旅行支票 N traveler's check 22

M

mǎ 馬 N horse 29

ma 嗎 P (interrogative sentence particle) 1

-ma 麼 P (interrogative suffix) 3

mǎchē 馬車 N horse and carriage 29

mǎshàng 馬上 A immediately 29

mǎi 買 V buy, shop for 1

mài 賣 V sell; be for sale; sell for 4

màidao 賣到 V sell to 26

màigei 賣給 V sell to 4

mǎile 買了 V spend on 21

mǎimai 買賣 N business, trade 5

mǎizháo 買着 V (succeed in) buy(ing) 20

màn 慢 SV/A slow(ly) 9

màn zǒu. 慢走 . IE Goodbye. 13

máng 忙 SV busy; be in a rush; *V busy about 12

máo 毛 BF Mao; *made of hair 4; M dime 4

*máobǐ 毛筆 N (Chinese) writing brush 4

Máo Zédōng 毛澤東 N Mao Tse-tung 28

méi- 没 A not (before yǒu) 2
měi- 每 BF each, every 11
méi bànfa. 没辦法 IE Nothing can be done (about it). 21
méi fázi. 没法子 IE There's no way out. 20
Měiguo 美國 PW America, the United States 1
*Měijīn 美金 N American money 23
mèimei 妹妹 N younger sister 6
méiqián 没錢 SV poor, inpecunious 6
Měishēng 美生 N Mei-sheng (a given name) 5
méi shì (le). 没事(了). *IE Nothing's wrong. / And everything will be all right. 24
méiyìsi 没意思 SV uninteresting, not fun 7
méiyou 没有 A V there is not 4
méi(you) 没(有) A (negates completed action sentences) 10
méiyou bànfa. 没有辦法 IE Nothing can be done (about it). 21
méiyou guānxi. 没有關係 IE Never mind. 15
Měizhēn 美真 N Mei-chen (a given name) 5
Měizhōu 美洲 PW America 27
-mén 門 M (courses of study) 20
mén 門 N door, gate 20
-men 們 BF (indicates plural number) 1
ménfángr 門房兒 N watchman, doorman, gatekeeper 29
ménkǒu(r) 門口(兒) PW doorway 20
ménpiào 門票 N entrance ticket 22
mén wàitou 門外頭 PW outdoors (near the house) 20
Mèng 孟 BF Meng (a surname) 25
Mèngzǐ 孟子 N Mencius, the Mencius 25
*Mínguó NU-nián 民國 NU 年 TW the NUth year of the Republic (of China) 27
míngbai 明白 V understand clearly 15
*Míng Cháo 明朝 TW Ming Dynasty 16

Míng Dài 明代 TW Ming Dynasty 30

míngnian 明年 TW next year 11

míngpiàn, -piàr 明片(兒) N calling card 29

Míng Qīng 明清 BF of the Ming and Ch'ing Dynasties 29

Míng Qīng wénxué 明清大學 N literature of the Ming and Ch'ing 29

míngtian 明天 TW tomorrow 10

*míngxīng 明星 N star (i.e. a prominent actor, singer, etc.) 30

míngzi 名子 N name, given name 5

mùdì, -di 目的 N goal, objective 21

mǔqin 母親 N mother 6

N

ná 拿 V grasp, take in the hand; manipulate; take, bring 13; CV taking in the hand, with 13

nà 那 N that (topic only) 3

nà dāngrán. 那當然 IE. Of course. / Naturally. 20

nǎli 哪 / 那裏 , nǎr 哪/ 那兒 PW where? 8

nàli/nèr/-ner 那裏 / 那兒 PW there 8

názhù 拿住 V hold tight to 21

nán 難 SV difficult, hard 6; A difficult to, hard to 6

nán- 男 AT male 4

nánbian 南邊 PW south 15

*náncèsuǒ 男廁所 N men's room 20

nánde 男的 N man 6

nánfāng 南方 PW the south 26

nánháizi 男孩子 N boy 6

Nánjīng 南京 PW Nanking 15

nánlǎoshī 男老師 N male teacher 8

nánpéngyǒu 男朋友 N male friend 4

nánxiānsheng 男先生 N male teacher 4

nánxuésheng 男學生 N male student 5

ne 呢 P (at the end of a follow-up question:) And...? 7; (continuative sentence particle) 8 něi- 哪，那 SP which? 2

nèi- 那 SP that, those, the, the other 2

nèige shíhou(r) 那個時候（兒） TW that time (in the past) 11

nèi(yi)tiān 那（一）天 TW that day (in the past) 11

*nèizhàn 內戰 N civil war 25

nèmma 那麼 A in that way; *to that degree, so, such 6; CA in that case 13

néng 能 AV be able to, can 5

néngli, -lì 能力 N ability 25

nǐ 你 N you (singular) 1

-nián 年 M year 11

niàn 念 V read, study 8; recite, read aloud; be in (a school or college year) 29

niàndào 念到 V read to / as far as 13

niándǐ 年底 TW end of the year 29

*niánnián 年年 A every year 11

niàn shū 念書 VO read, study, go to school 8

nín 您 N you (singular, polite) 29

niú 牛 N cow, ox, cattle 7

niúròu 牛肉 N *beef 7

Niǔyuē 紐約 PW New York 10

*Niǔyuē Shì 紐約市 PW New York City

Niǔyuē Shíbào 紐約時報 N The New York Times 26

Niǔyuēzhōu 紐約州 PW New York State 26

nòng 弄 V do 21

nóngchǎng 農場 N farm 26

nòngduì le 弄對了 V VS P made it correct 21

nònghǎo 弄好 V fix 21

nònghuài 弄壞 V break, spoil 22

*nóngmín 農民 N farmer, peasant 26

nòngqīngchu 弄清楚 V make clear 26

*nóngyè 農業 N agriculture, farming industry 26

nǚ- 女 AT female 4

*nǚcèsuǒ 女廁所 N ladies' room 20

nǚde 女的 N woman 8

nǚér 女兒 N daughter 7

nǚháizi 女孩子 N girl 6

nǚlǎoshī 女老師 N female teacher 8

nǚpéngyou 女朋友 N female friend 4

nǚxiānsheng 女先生 N female teacher 4

nǚxuésheng 女學生 N female student 5

O

Ōu 歐 BF Ou, Au (surname) 27

Ōuzhōu 歐洲 PW Europe 27

P

pà 怕 V be afraid that, have a chronic dislike for or fear of, mind, dislike 26

pà hēi 怕黑 VO be afraid of the dark 26

-pán 盤 M dish, plate, platter, tray 23

pànwang, -wàng 盼望 V wish, hope, long for 25

pánzi, pár 盤子，盤兒 N dish, plate, platter, tray 23

pǎnziwǎn 盤子碗 N dishes 23

pángbiān, -biār 旁邊（兒） PW area nearby, next to 26

pǎo 跑 V run, go 24

pǎo bù 跑步 VO jog 24

pǎodao 跑到 V VS run to, go to 24

péngyou 朋友 N friend 4

-piān 篇 M (essays, articles) 24

-piān,-piār 篇（兒） M (leaves in a book, pages) 24

-piàn, -piàr 片（兒） M (tablet, slice) 28

piányi 便宜 SV inexpensive 23

piànzi 片子 N (calling) card 29

piào 票 N ticket 22

-píng 瓶 M bottle 23

píngcháng 平常 SV ordinary, commonplace 17; A ordinarily 17

*píngzi 瓶子 N bottle 23

pùzi 舖子 N shop, store 8

Q

qī 七 NU seven 3

qì 氣 N air; anger 20

-qi 起 VS up (with lai) 19; begin to (with lai) 21

qìchē 汽車 N automobile 7

qìchēzhàn 汽車站 PW bus station 9

qǐlai 起來 V get up (from sleep) 18

qìshuǐ, qìshuěr 汽水(兒) N carbonated soft drink, soda pop 21

-qiān 千 M thousand 6

qián 錢 N money 4; BF *Ch'ien 4

qián- 前 SP past 13

*X-qián X-前 before X 27

qiánbian 前邊 PW front 15

qiánbian, -biar 前邊(兒) PW front; first 26

qiánnian 前年 TW year before last 11

qiántou 前頭 PW front 8

-qiānwàn 千萬 M ten million 6

Qīng 清 BF (name of a dynasty) 29

qǐng 請 V request, invite 3; invite along (with lai and qu) 29

Qīng Cháo 清朝 TW the Ch'ing/Manchu Dynasty 30

qīngchu 清楚 SV/VS clear, intelligible 21

Qīng Dài 清代 TW the Ch'ing/Manchu Dynasty 30

qǐng huí. 請回. IE goodbye. 29

qǐng jià 請假 VO ask for a leave of absence, ask for some days off 25

qǐngjiào 請教 V ask (your) advice (polite) 29

qǐng kè 請客 VO give a party, pay for a party 26

Qīng Shǐ 清史 N history of the Ch'ing Dynasty 30

qíngxing 情形 N situation, condition, circumstances 28

qiūtiān 秋天 TW autumn 18

qù 去 V go, go to 13

qu 去 P (sentence particle, indicates motion away from the speaker) 9

qùnian 去年 TW last year 11

quēshǎo 缺少 V lack, be short of 30

R

ránhòu 然後 MA afterwards, consequently 26

ràng 讓 V let, cause 29

ràng wǒ lái. 讓我來. IE Let me do it. 29

rè 熱 SV hot 18

rén 人 N person 3

*rènde 認得 V recognize, be acquainted with, know 29

rénkǒu 人口 N population 17

rénmín 人民 N the people (of a country) 13

rénmíngōngshè 人民公社 N people's commune 13

Rénmín Rìbào 人民日報 N People's Daily, Jen Min Jih Pao 26

rènshi 認識 V recognize, be acquainted with, know 29

*rènshi lù 認識路 VO know the way 29

rénzhǒng 人種 N human race 27

-rì 日 *M day (of the month) (literary) 12

Rìbào 日報 BF Daily (in names of newspapers) 26

rìbào 日報 N daily newspaper 26

Rìběn 日本 PW Japan 12

Rìyǔ 日語 N Japanese language 16

Rìyuè Tán 日月潭 PW Sun Moon Lake 30

rìzi 日子 N day; date 18

róngyi 容易 SV easy 21; A easy to 21

ròu 肉 N meat 7

*ròubāozi, ròubāor 肉包子, 肉包兒 N steamed bread stuffed with (pork) meat

*rùkǒu 入口 N entrance 17

S

sān 三 NU three 2

sān-dà-rén-zhǒng 三大人種 LE (all) three races (of mankind) 27

shān 山 N mountain, hill 2

shàng 上 L top 9; V go to 17; CV to 17

-shang 上 L top 9; VS so that the action of the verb proceeds upwards; up (with <u>lai</u> and <u>qu</u>) 14; so that the action of the verb is executed tightly 20

shàng bān 上班 VO go to work 30

shàngbian 上邊 PW surface, top, above 15

shàng chē 上車 VO get on a bus/train/trolley, get into a car 12

shàng chuán 上船 VO get onto a ship 12

shāngdiàn 商店 N store 14

shànggelǐbài 上個禮拜 TW last week 11

shànggexuénián 上個學年 TW last school year 29

shànggexuéqī, -qí 上個學期 TW last term/semester 29

shànggeyuè 上個月 TW last month 11

Shànghǎi 上海 PW Shanghai 13

shàng kè 上課 VO go to class 10

shàng lai 上來 V come up 12

shànglǐbài 上禮拜 TW last week 11

shàng qu 上去 V go up 12

shàngtou 上頭 PW surface, top, above 9

shàngwu 上午 TW morning 10

shàng xué 上學 VO go to school 12

shàngxuénian 上學年 TW last school year 29

shàngxuéqī, -qí 上學期 TW last term/semester 29

shàngyicì 上一次 TW last time 20

shàngyízhàn 上一站 PW the last stop (before now) 12

shàngyuè 上月 TW last month 11

shǎo 少 SV few, little (in amount) 8; A less 13

shéi 誰 N who?, whom? 3

shémma 甚麼 N what? 3

shemmade 甚麼的 BF and so forth 29

shémma shì? 甚麼事 ? *IE What's the matter? / What happened? 24

shēn 深 SV deep 30

shēntǐ 身體 N health 24

shēntǐ hǎo 身體好 N SV be in good health 24

shēng 生 V be born 11; SV unfamiliar 21

shěng 省 BF province 27

shēngchǎn 生產 V produce 19; N production 19

shēnghuo, -huó 生活 N life 22; V live 19

shēnghuófèi 生活費 N living expenses 22

shēnghuozai, -huózai 生活在 V live in 22

shēng qì 生氣 VO get angry 20; SV angry 20

shēngren 生人 N stranger 21

shēngrì 生日 N birthday 12

shēngzhǎng 生長 V grow 29

shēngzhǎngzai 生長在 V be born and brought up in 29

shēngzì 生字 N new word 21

shí 十 NU ten 2

-shǐ 史 BF history 30

shì 是 V be 3; IE It is so. 5; *V be true that 5; say (the time, as a watch or clock) 18

shì 事 N job 5

shì 試 V try, try on 19; AV try to 19

shì 市 N city, municipality 26

Shíbào 時報 BF Times (in names of newspapers) 26

shíèryuè 十二月 TW December 11

shífēn 十分 A completely 29

shíhou(r) 時候(兒) TW time 11

shíjǐ 十幾 NU *ten plus how many?; ten plus a few 2

shíjiān 時間 N time; free time 27

shìjiè 世界 N world 19

shíqī 時期 N period of time 29

shìqing 事情 N job; matter, affair 12

shíwàn 十萬 NU a hundred thousand 6

shíxíng 實行 V carry out, put into effect 22

shōu 收 V receive 13

shǒu 手 N hand 16

shòu 受 V receive, take; endure 28

shòubuliǎo 受不了 V cannot be endured, unbearable 28

shōudào 收到 V receive 13

shǒudiàndēng 手電燈 N flashlight 26

shǒugōng 手工 N handicraft 26

shǒugōngyè 手工業 N handicraft industry 26

shòu yǐngxiǎng 受影響 VO be affected 28

shū 書 N book 1; BF write, writing, calligraphy 29

shù 樹 N tree 18

shūdiàn 書店 N book store 9

shūfu 舒服 SV comfortable 19

shūhuà 書畫 N calligraphy and painting 29

shūpù 書鋪 N bookstore 8

shùyèzi 樹葉子 N leaf of a tree 18

-shuāng 雙 M pair 23

shuí 誰 N who?, whom? 3

shuǐ 水 N water 5

shuì 睡 V sleep, go to sleep 18

shuìdao 睡到 V sleep until 18

shuǐguǒ 水果 N fruit 20

shuì jiào 睡覺 VO sleep, get sleep; retire to sleep 18

shuìzai 睡在 V sleep at 18

shùnbiàn 順風 A on the way, while there 30

*shùnfēng 順便 LE have a favorable wind 30

shuō 說 V speak; say 3; talk about 13; have the following content 17

shuōbu(yi)dìng 說不(一)定 V may, can't say for sure 29

shuōdào 說到 V get to (in talking) 13

shuō gùshi 說故事 VO tell a story 20

shuō huà 說話 VO *speak 3

sì 四 NU four 2

sìbiān 四邊 PW all four sides, everywhere 15

sòng 送 V give (as a present); send, deliver; escort, see off 17

sònggei 送給 V give to 17

sòngxíng 送行 VO see off 29

súhuà 俗話 N popular saying 21

súyǔ, -yuěr 俗語(兒) N popular saying 21

-suì 歲 M (years of age) 28

suí biàn 隨便 VO do as one likes; A as one likes, at one's convenience 28

suíshí 隨時 A anytime 28

-suǒ(r) 所(兒) M (buildings) 10

suǒyi 所以 MA therefore 12

T

tā 他 N he, she 1

tā 她，他 N she 1

tā 它，他 N it 15

tài 太 A too, excessively 1

Táiběi 臺北 PW Taipei 14

Táiběi Shì 臺北市 PW Taipei (Municipality) 26

Tàipíngyáng 太平洋 PW Pacific Ocean 26

tàitai 太太 N lady; wife; Mrs. 3

Táiwan/wan 臺灣 PW Taiwan 14

Táiwān Dàxué 臺灣大學 PW (National) Taiwan University 14

Táiwān Shěng 臺灣省 PW Taiwan Province 27

tán 談 V chat, discuss 29

tán 潭 N deep pool 30

*tán huà 談談 VO (have a) talk, chat 29

tāng 湯 N soup 5

táng 糖 N sugar; candy 19

Táng 唐 BF (name of a dynasty) 30

*tángbāor 糖包兒 N steamed bread stuffed with sugar 24

Táng Cháo 唐朝 TW T'ang Dynasty 30

Táng Dài 唐代 TW T'ang Dynasty 30

tǎolùn 討論 V discuss; N discussion 21

tèbié 特別 SV odd, uncommon 25; A especially 25

tí 提 V mention, bring up (formally) 21

tì 替 CV in place of, for 25

tíchu 提出 V submit, mention, bring up (with lai) 21

tídào 提到 V (get as far as) mention(ing), bring up 21

-tiān 天 M day 10

tiānqi 天氣 N weather 10

*tiāntiān 天天 A every day 16

-tiáo 條 M (long things; roads; fishes) 7

tīng 聽 V listen to 17

tíng 停 V stop; park; *hold (parking) 17

tīngdǒng 聽懂 V understand (listening) 20

tīngjian 聽見 V perceive (hearing), hear 20

tīng shuō 聽説 V (I) hear (it said) that 14

tíngxia 停下 V come to a stop (with lai) 19

tíngzai 停在 V park at 17

tīngzhe. 聽着 IE Listen. 15

tóngchē 同車 N being in the same vehicle 11

tóngchuán 同船 N being on the same ship 11

tóng(fēi)jī 同(飛)機 N being in the same airplane 11

tóngmíng 同名 N having the same given name 11

tóngshì 同事 N colleague 11

tóngwū 同屋 N roommate 11

tóngxìng 同姓 N having the same surname 11

tóngxué 同學 N fellow student; (term of address for someone in the same school as the speaker) 11

-tóu 頭 M (certain domestic animals, vegetables) 7; SP the first 13

-tou 頭 P (suffixed to a localizer, forms a place word) 8

túshūguǎn 圖書館 N library 16

W

wàibian 外邊 PW outside 15

wàiguo 外國 N foreign (country), non-Chinese (country) 8

wàitou 外頭 PW outside 8

wán/r 玩(兒) V play, have fun, have a good time, play with 11

wán 完 V finish, complete 19

-wán 完 VS finished, up 19

wǎn 晚 *SV late 11

-wǎn 碗 M/*N bowl 23

-wàn 萬 M ten thousand 6

wǎnbào 晚報 N evening newspaper 26

wǎnfàn 晚飯 N supper 10

*Wànlǐchángchéng 萬里長城 PW (ten-thousand -li long wall:) the Great Wall 13

wǎnshang 晚上 TW evening 10

-wànwàn 萬萬 M hundred million 6

Wáng 王 BF Wang, Wong (a surname); N king; Your Majesty 23

wàng 往 CV towards 16

wàng le 忘了 V forget 13

-wèi 位 M (respected persons) 23

wèishémma 為甚麼 MA for what reason?, why? 6

wèn 問 V ask 5

wèntí 問題 N question; problem 19

wènwen 問問 V make a few inquiries 5

wénxué 文學 N literature 26

wénxuéjiā 文學家 N writer (of works of literature) 26

wénxuéshǐ 文學史 N history of literature 30

wénzhāng, -zhang 文章 N article, paper, essay 24

wènzhù 問住 V to stump (with a question) 21

wǒ 我 N I 1

wǒ bùgǎn shuō. 我不敢說 IE I don't know. 14

wǔ 五 NU five 2

*wǔfàn 午飯 N noon meal, lunch 10

Wǔnián Jìhuà 五年計劃 N Five Year Plan 22

wūzi 屋子 N room 10

X

xǐ 洗 V wash 17

Xīān 西安 PW Sian 29

xīběi 西北 PW northwest 15

xībian 西邊 PW west 15

*Xī Dé 西德 PW West Germany 30

xǐdé le 洗得了 V ready (from being washed) 29

xīfāng 西方 PW the west 26

*Xī Hú 西湖 PW West Lake 26

xǐhuan 喜歡 V like 5; AV like to 5

xīnán 西南 PW southwest 15

xǐ shǒu 洗手 VO wash one's hands 17

xǐ tóu 洗頭 VO wash one's hair 17

xīwàng 希望 V/N hope, wish 14

xǐ zǎo 洗澡 VO take a bath 24

xǐzǎofáng 洗澡房 N bathroom 24

xià 下 L bottom 9

-xia 下 VS so that the action of the verb proceeds downwards; down (with lai and qu) 14; *continue, go on (with qu) 21

xià bān 下班 VO get off work 30

xiàbian 下邊 PW bottom, below 15

xià chē 下車 VO get off a bus/train/trolley, get out of a car 12

xià chuán 下船 VO get onto a ship 12

xiàgelǐbài 下個禮拜 TW next week 11

xiàgexuénián 下個學年 TW next school year 29

xiàgexuéqī, -qí 下個學期 TW next term/semester 29

xiàgeyuè 下個月 TW next month 11

xià kè 下課 VO get out of class 10

xià lai 下來 V come down 12

xiàlǐbài 下禮拜 TW next week 11

xià qu 下去 V go down 12

xiàtian 夏天 TW summer 18

xiàtou 下頭 PW bottom, below 9

xiàwu 下午 TW afternoon 10

xià xué 下學 VO get out of school 12

xià xuě 下雪 VO to snow 27

xiàxuénián 下學年 TW next school year 29

xiàxuéqī, -qí 下學期 TW next term/semester 29

xiàyicì 下一次 TW next time 20

xiàyízhàn 下一站 PW the next stop 12

xià yǔ 下雨 VO to rain 10

xiàyuè 下月 TW next month 11

xiān 先 A first, beforehand, earlier 3

*xiàndài 現代 BF of the present time 30

xiānsheng 先生 N gentleman; husband; Mr. 3

xiànzài 現在 TW the present, now 7

xiǎng 想 V think; *think of 4; AV have it in mind to, intend to 4

xiàng 像 V resemble 19; SV alike, similar 19

xiàng 向 V to face 29

xiàng(zhe) 向（着）CV toward, to 29

xiǎng bànfa 想辦法 VO think of a way, arrive at a solution 21

xiǎngdào 想到 V think, imagine 13

xiǎng fázi 想法子 VO think of a way to 20

Xiānggǎng 香港 PW Hong Kong 13

Xiānggǎng Shíbào 香港時報 N <u>Hong Kong Times</u> 26

xiàngpiār, -piār, *-piàn, -piàr 像片（兒）N photograph 28

xiǎo 小 SV small 3

Xiǎo 小 BF (prefixed to monosyllabic surnames) 19

xiào 笑 V laugh at; laugh, smile 20

Xiǎofāng 小方 N Hsiaofang (a given name) 15

xiǎo gǒu(r) 小狗（兒）N puppy 20

xiǎoháizi 小孩子 N child 6

xiǎohár 小孩兒 N child 7

*Xiǎo Hóngshū 小紅書 N Little Red Book (of quotations from Mao Tse-tung) 15

xiàohua 笑話 V make fun of 20

xiàohua(r) 笑話（兒）N joke 20

xiáojie 小姐 N young lady, Miss 6

xiǎokǎo 小考 N quiz 18

Xiǎopíng 小平 N Hsiao-p'ing (a given name) 15

xiǎoshíhou(r) 小時候(兒) TW childhood 29

xiǎoshuō(r) 小說(兒) N fiction; work of fiction; novel 13

xiàozhǎng 校長 N headmaster, principal, chancellor, president (of a university) 29

-xiē 些 M, NU a few, a small amount of, some 4

xié 鞋 N shoe 28

xiě 寫 V write 6

xiědào 寫到 V write as far as 13

*xiěgei 寫給 V write to 12

xièxie. 謝謝. IE Thanks. 15

xiě xìn 寫信 VO write (letters) 12

*xiězai 寫在 V write at 9

xiě zì 寫字 VO write 6

xīn 新 SV new 4; A newly, recently 12

xīn 心 N *heart, mind 25

xìn 信 N letter 12; V believe 19

*xìnfēng(r) 信封(兒) N envelope 12

Xīngǎng 新港 PW New Haven 13

xīnli xiǎng 心裏想 PW V think that 25

xíng. 行. IE it is acceptable / OK. 15

xǐng 醒 V wake up 18

-xǐng 醒 VS awake 18

xìng 姓 N surname 3; V be surnamed 3

xīngqī 星期 N week 14

xīngqīèr 星期二 TW Tuesday 14

xīngqīrì/-tiān 星期日/天 TW Sunday 14

xīngqīyī 星期一 TW Monday 14

xìngqu 興趣 N interest 13

xiūxi 休息 V rest 19

xūyào 需要 V need 28; AV need to 28; N need, needs, necessity 28

xué 學 V study, learn 6; AV study, study how to, learn how to 6

-xué 學 BF branch of learning 26

xuě 雪 N snow 27

xuédào 學到 V study as far as 13

xuéfèi 學費 N tuition 22

xuéhuì 學會 V have learned 21

xuénián 學年 N school year 29

xuéqī, -qí 學期 N term, semester 29

xuěrén, -rér 雪人(兒) N snowman 27

xuésheng 學生 N student 5

xuéwen 學問 N learning, knowledge 14

*xuéxí 學習 V study 13

xuéxiào 學校 PW school 6

xuéyè 學業 N studies 29

Y

ya 呀 P (question particle, exclamatory particle) 14; imperative particle) 21; (vocative particle) 25

Yǎzhōu 亞洲 PW Asia 27

yánjiu 研究 V study, do research on; N study, research 14

yánjiu xuéwen 研究學問 VO do research 14

*yáng 洋 BF ocean 26

yǎng 養 *V raise (children, animals, flowers, etc.) 28

-yàng(r) 樣(兒) M kind, sort; way 16

SP-yàng(r) 樣(兒) AT SP kind/sort of 16; A in a SP way 16

yǎnghuo 養活 V support, provide with the necessities of life 28

yàngzi 樣子 N appearance, shape; style 16

yào 要 V want 2; require (as payment) 4; order (a dish in a restaurant) 5; AV want to 2; be about to, be going to 9

yào 藥 N medicine, medicinal herb 20

yàoburán 要不然 MA if it is not like that, otherwise 20

yàobushi 要不是 A if not 21

yàofáng 藥房 N drugstore 20

yàojǐn 要緊 SV important 19

yàopù(r) 藥舖(兒) N medicinal herb shop, shop where Chinese medicine is sold 20

yàoshi 要是 MA if 11

yě 也 A also, too, either 1

-yè 夜 M night 26

yèjǐng 夜景 N view at night 26

yèli 夜裏 TW nighttime, during the night 26

yěxǔ 也許 MA maybe, perhaps, probably 27

yèzi 葉子 N leaf (of a tree, etc.) 15

yī 一 NU one, a, an 2; as soon as, once 7

yī 醫 BF healing art, medicine 20

yíbàn(r) 一半(兒) N half 12

*yìbiān X, yìbiān Y 一邊 X, 一邊 Y IE X and Y at the same time 15

yídào(r) 一道(兒) A during the whole trip 29

yìdiǎn(r) 一點(兒) NU-M a little, a bit of; some 7

yídìng 一定 A definitely, certainly 11

yídìng yào 一定要 A AV must, have to 11

yīfu 衣服 N article of clothing; dress 17

yígòng 一共 A altogether, in all 12

yǐhòu 以後 TW afterward, after, from now on 12

yìhuǐ(r) 一會(兒) TW a little while, a moment 10

yìjiàn 意見 N opinion, point of view 21

yǐjing 已經 A already 20

yíkuàr 一塊兒 PW one place 10; A together 10

yí-lù-shùn-fēng 一路順風 LE have favorable winds the whole journey, have a smooth trip 30

yìqǐ 一起 A together 18; PW together, in one place 18

yǐqián 以前 TW previously, before 12

yīsheng 醫生 N physician 20

yìsi 意思 N meaning 7

*yìtiān(yì)tiānde 一天(一)天的 A day by day 19

yíyàng 一樣 SV alike 16

*yīyào 醫藥 N doctors and medicine 28

yíyè 一夜 A an entire night 26

yīyuàn 醫院 N hospital 20

yìzhí 一直 A directly, straight on; at all; continuously, straight 22

yìzhōu 一州 NU M a state, a chou 26

yǐzi 椅子 N chair 24

yínháng 銀行 N bank 17

yīnwei 因為 CA because 11; MA because 12

yīngdāng 應當 AV ought to 16

Yīngguo 英國 PW England 3

-Yīnglǐ 英里 M English mile 8

Yīngwén 英文 N English (language) 3

yǐngxiǎng 影響 N/V influence, effect 28

Yīngyǔ 英語 N English language 16

yòng 用 V use 12; CV using, with 12

yòngbuzháo 用不着 V VS not necessary (to) 20

yòng xīn 用心 VO to put one's heart into 25

yòngxīn 用心 SV conscientious 25

yǒu 有 V have 2; there is 4

yòu 右 L right 16

yòu 又 A again (in the past) 16

yǒu bāngzhu 有幫助 SV helpful 15

yòubiān, -biār 右邊(兒) PW right side 16

yǒu bìng 有病 VO be sick 20

yǒu dàoli 有道理 SV logical, reasonable 27

yǒude 有的 N some 6

yǒude rén 有的人 N some people 6

yǒude shíhou(r) 有的時候(兒) TW sometimes 11

yǒu diǎn(r) 有點(兒) A a bit 13

yǒu fēnbié, -bie 有分別 VO there is a difference 26

yǒu fúqi 有福氣 SV lucky 27

yǒu-jiè-yǒu-huán. 有借有還. LE Return whatever you borrow. 22

yǒu jìnbu 有進步 SV improved 24

yǒu jīngyan 有經驗 SV experienced 29

yǒumíng 有名 SV famous, well-known 6

yǒuqián 有錢 SV rich, wealthy 6

yǒuren 有人 N some people 6

yǒu shíhou(r) 有時候(兒) TW sometimes 11

yǒushǒu 右手 N right hand 16

*yǒu-X-yǒu-Y 有 X 有 Y LE having both X and Y; whenever X, Y 22

yòu X, yòu Y 又 X, 又 Y PAT both X and Y 21

yǒu xīwàng 有希望 SV promising 14

yǒu xìngqu 有興趣 SV interesting 13; AV be interested in 13

yǒu xuéwen 有學問 SV learned 14

yǒu yánjiu 有研究 SV well versed 14

yòu yào 又要 A AV (has decided) again (that one must) 16

yǒu yìdiǎn(r) 有一點(兒) A a bit 13

yǒuyìsi 有意思 SV interesting, fun 7

yǒu yìtiān 有一天 CA one day 11

yǒu yǐngxiǎng 有影響 VO have an effect on 28

yóuyǒng 游泳 VO swim 26

yóuyǒngchí 游泳池 N swimming pool 26

*yú 魚 N fish 7

yǔ 雨 N rain 10

yǔ 語 BF language 16

yùbei 預備 V prepare 17

yǔliàng 雨量 N rainfall 27

yuǎn 遠 SV far; long (of a route) 16

yuàn 院 BF institute 20

yuànyi 願意 AV want to 15

yuē 約 V arrange a get-together for; invite 29

yuè 月 N month 11; M (in names of months) 11

yuè 越 A increasingly 28

yuēhui, -huì 約會 N engagement 29

yuè lái, yuè V 越來，越 V getting more and more V 28

yuè V_1, yuè V_2 越 V_1, 越 V_2 the more V_1, the more V_2 28

yùn 運 V ship, transport, convey 25

yùndao 運到 V ship to, transport to, convey to 25

Z

zázhì 雜誌 N magazine 28

zài 再 A again, then (in the future) 11

zài 在 CV at 7; V be located at 8; A be ...ing 8

-zai 在 VS so that the actor or the recipient of the action of the verb is located at; at 9

zài jiā 在家 VO be at home 8

zài jiàn. 再見 . IE See you later. 20

zài shuō 再說 CA furthermore 21

zài shuō ba. 再說吧 . IE ... and then we'll see what can be done 21

zài yíkuàr 在一塊兒 CV O together 10

zǎo 早 SV early 10

zǎofàn 早飯 N breakfast 10

zǎofáng 澡房 N bathroom 24

zǎoshang 早上 TW morning 10

zěmma 怎麼 A in what way?, how? 6; MA how come? 10

zěmma bàn? 怎麼辦 ? IE What can be done? 16

zēngjiā 增加 V increase 19

zhǎn 展 BF open out 30

zhàn 站 N/M station (for trains, etc.) 9; V stand 19

*Zhànguó 戰國 BF Warring States 25

*Zhànguó shíhou 戰國時候 TW the time of the Warring States 25

zhǎnlǎn 展覽 V/N exhibit 30

zhànqi 站起 V stand up (with lai) 19

zhànzhēng 戰爭 N war 25

zhànzhù 站住 V stand still 21

-zhāng 張 M (pieces of paper, tables) 4; BF Chang 3

zhǎng 長 V grow, develop 18

zhǎng 漲 V rise (of a price) 29

-zhǎng 長 BF head, chief 29

zhàng 仗 BF battle 25

zhǎngdà 長大 V grow up 18

zhǎnggāo 長高 V grow tall 18

-zháo 着 VS so that the goal implied by the verb is successfully attained 20

zhǎo 找 V look for; call on, visit 15

zhào 照 V take (a photograph) 28

zhāo jí 着急 VO worry 22

zhāojí 着急 SV worried 22

zhǎo qián 找錢 VO get change 29

zhào xiàng 照像 VO take photographs 28

zhè 這 N this (topic only) 3; N now 29

-zhe 着 VS (used in affirmative commands; indicates continuing action) 15

zhèli 這裏 PW here 8

zhèi- 這 SP this, these, the 2

zhèmma 這麼 A in this way; *to this degree, so, such 6

zhèr, -zher 這兒 PW here 8

zhēn 真 A truly 1

Zhenzhēn 真真 N Chen-chen (a given name) 5

zhèng 正 A just (now) exactly, be right in the process of ...-ing 15

zhèn hǎo. 正好 IE Just right. 15

zhèngshi/zai 正是 / 在 A just (during), exactly (during) 15

-zhī 隻 M (certain domestic animals) 20

-zhī 枝 M (stick-like things) 23

zhī 之 (in the pattern NU_1-fēn/fèn-zhī-NU_2 $\frac{NU_2}{NU_1}$) 24

zhí 值 SV worth (it), worthwhile 27

zhǐ 紙 N paper 4

*zhǐ 只 A only 27

zhīdao 知道 V know 4

zhíde 值得 AV worth 27

zhǐdiàn 紙店 N stationery store 9

Zhījiāgē 支加哥 PW Chicago 26

zhīpiào 支票 N check 22

zhǔpù 紙舖 N stationery store 8

zhí qián 值錢 VO worth (money) 27

zhíqián 值錢 SV worth (a lot of) money 27

zhīshi 知識 N knowledge 29

zhǐshi 只是 A V only (and no other) 27

zhǐ yǒu 只有 A V there only is 27

zhōng 鐘 N clock; o'clock 18

-zhǒng 種 M kind, variety 20; M *race 27

zhòng 種 V plant, grow 20

zhōngbiǎopù 鐘錶舖 N watchmaker's shop 18

zhōngfàn 中飯 N lunch 10

Zhōngguo 中國 PW China 1

*Zhongguochéng 中國城 N Chinatown 8

Zhōngguo huà 中國話 N Chinese (language) 3

Zhōnghuá Mínguó 中華民國 N Republic of China 14

*(Zhōnghuá) Mínguó NU-nián (中華)民國 NU-年 TW the NUth year of the Republic of China 27

Zhōnghuá Rénmín Gònghéguó 中華人民共和國 N People's Republic of China 14

Zhōng-Měi Shūdiàn 中美書店 N China-America Bookstore 9

*Zhōngshān 中山 BF Chung-shan (sobriquet of Sun Yat-Sen) 9

Zhōngshān Běi Lù 中山北路 PW Chung-Shan North Road 9

zhōngtóu 鐘頭 N hour 18

Zhōngwén 中文 N Chinese (language) 3

zhōngwu 中午 TW noon 10

Zhōngxīng Lóu 中興樓 PW Revival House (restaurant) 11

zhòngyào 重要 SV important 21

*-zhōu 州 M state (in the U.S.); administrative region 26

zhū 豬 N pig 11

zhù 住 V reside, live; live at 9; *hold (as occupants of a dwelling or hospital) 20

-zhù, -zhu 住 VS tight, stopped 21

zhù 祝 V say (in congratulation, as good wishes, or as a holiday greeting), wish 30

zhūròu 豬肉 N pork 11

zhūròubāozi/-bāor 豬肉包子/兒 steamed bread stuffed with pork 24

zhùzai 住在 V live at 9

zhùzhǐ 住址 N address (of a residence) 21

zhùzhòng 注重 V emphasize 21

zhuōzi 桌子 N table 24

zì 字 N (written) character, letter, word 6

zìjǐ 自己 N oneself 17

*zǐmèi 姊妹 N (fellow) sister 6

zǒng 總 A always 26

zǒngshi 總是 A always 26

zǒu 走 V take (a route/road) 8; depart 10; be away 11; walk, go 14; VS so that the recipient of the action of the verb moves away from the speaker; away 14; V run (as a watch or clock) 18

zǒuchu lai/qu 走出來/去 V walk out 15

zǒudao 走到 V walk to, go to 14

zǒukai 走開 V walk away 21

zū 租 V rent 26

-zǔ 組 M group (of people), section 21

zūchu 租出 V rent out (with qu) 26

zūgei 租給 V rent to 26

zuì 最 A most, more 16

*zuìjìn 最近 MA recently 27

zuǒ 左 L left 16

zuò 做 V do; prepare (food) 5; function as, be 29

zuò 坐 V sit; use as a means of conveyance 9; CV by (a means of conveyance) 9

zuò bǐfang 做比方 VO draw an example 19

zuǒbiān, -biār 左邊(兒) PW left side 16

zuò cài 做菜 VO prepare a dish (of food) 5

zuò fàn 做飯 VO cook 5

zuò gōng 做工 VO to work (at manual labor) 26

zuòhǎo 做好 N do satisfactorily 20

*zuò jìhua 做計劃 VO draw up a plan 22

zuò mǎimai 做買賣 VO be in business 5

zuò shì 做事 VO work 5

zuǒshǒu 左手 N left hand 16

zuótian 昨天 TW yesterday 11

zuòxia 坐下 V sit down 20

zuǒyòu 左右 BF approximately 19

zuòzai 坐在 V sit at 9

WRITTEN STANDARD CHINESE, Volumes One and Two, are part of a series of Chinese language texts produced at Yale University. Each volume introduces 300 basic Chinese characters and their simplified equivalents.

Pronunciation of all new characters and words is indicated in PINYIN romanization. Text materials are presented in both "traditional" or regular characters and simplified characters.

Cassette recordings of this text are available separately for practice in pronunciation or listening comprehension. This text is primarily meant to be used in conjunction with a companion book called SPOKEN STANDARD CHINESE, (Volume II) but can be used independently or with other texts with adaptation.

Supporting materials for this text include a student workbook.

Far Eastern Publications of Yale University specializes in publishing teaching texts for Chinese and Japanese aimed at the academic market. Readers comments and suggestions are welcome. Please address all correspondence to:

340 Edwards Street
Box 2505 A, Yale Station
New Haven, Connecticut 06520

Far Eastern Publications ISBN 0-88710-131-3 **Yale University**